キャンプでしたい100のこと

西東社

キャンプの可能性は無限大。

言わずもがな、キャンプは楽しい。
お気に入りのギアを設営して、自然の空気を存分に味わう。
川遊びや昆虫採集、ぼーっと何もせず森林浴もいい。
豪快に作ったキャンプめしを食べて、
焚き火を囲みながら、仲間と一杯かたむける。
いつもと違う寝床にとまどいつつも、心地よい疲れでぐっすり眠る。

そう、キャンプは楽しい。
そして、その楽しさに限界はありません。

起こすのに二時間かかった炭火も、焦げついてしまったごはんも、

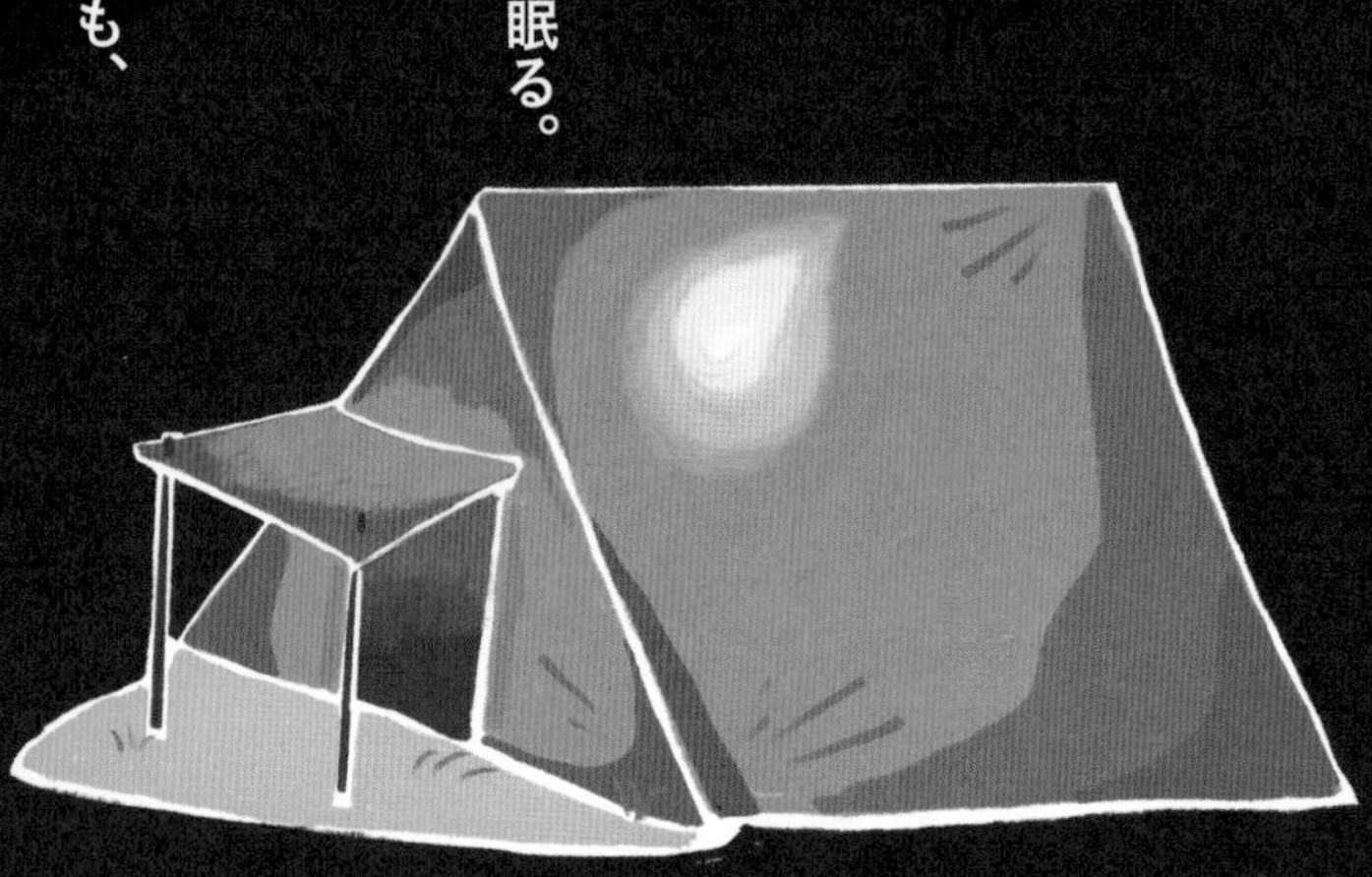

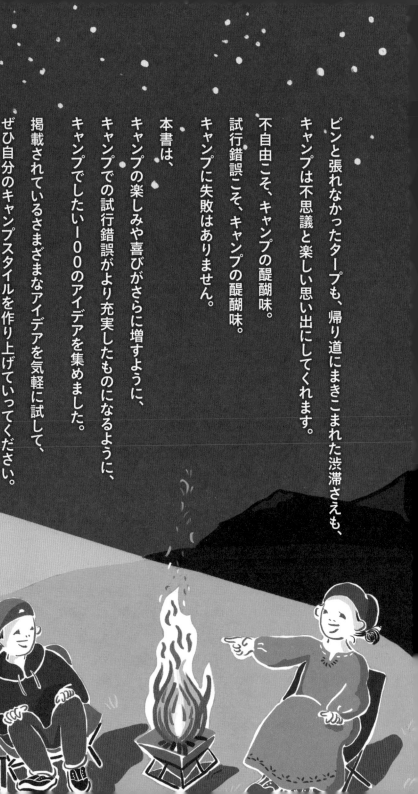

ピンと張れなかったタープも、帰り道にまきこまれた渋滞さえも、
キャンプは不思議と楽しい思い出にしてくれます。

不自由こそ、キャンプの醍醐味。
試行錯誤こそ、キャンプの醍醐味。
キャンプに失敗はありません。

本書は、
キャンプの楽しみや喜びがさらに増すように、
キャンプでの試行錯誤がより充実したものになるように、
キャンプでしたい１００のアイデアを集めました。
掲載されているさまざまなアイデアを気軽に試して、
ぜひ自分のキャンプスタイルを作り上げていってください。

こんなあなたに本書を勧めます。

キャンプに向き合う姿勢は人それぞれ。
キャンプを楽しめている人も
そうでない人も、
本書で新しいキャンプの楽しみ方を
発見してみませんか？

いつだって100％キャンプを楽しんでいるあなた。
今のキャンプに不満はないと思いますが、
たまにはスパイス的にいつもと違った料理や
アクティビティーを楽しむのはどうでしょうか？
さらにキャンプの世界が広がります。

キャンプに
マンネリを感じている
あなた

キャンプは楽しいけれど、ちょっとマンネリ。
何か新しい楽しみを取り入れたいという
あなたに、本書はぴったりです。
自分のキャンプスタイル、これでいいのかな？と
思ったときは、もう一歩キャンプを
快適にする技もぜひ試してみてください。

キャンプをいまいち楽しめていないあなた

家族や仲間に付き合っているだけで、
正直キャンプを楽しめていない……。
そんなあなたにこそ
本書を読んでいただきたいです。
今までのキャンプは忘れて、
本書でやってみたいことを探してみてください。
また、キャンプの不便さを解消できる技を
取り入れれば、さらに楽しめるかもしれません。

本書の使い方あれこれ。

もくじをリストにして
コンプリートを目指す

気になったものから
やってみる

やらずに
読んで楽しむのもアリ

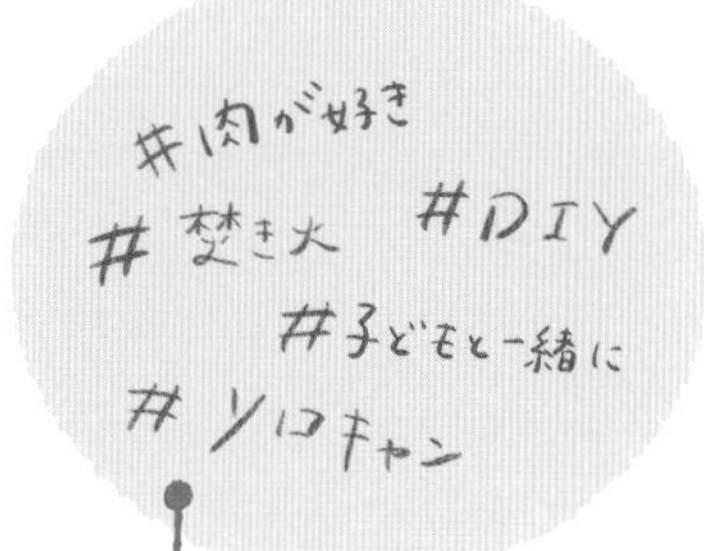

さくいん（➡P190）で
自分の目的に
合ったものを探す

キャンプを楽しむために守るべき3つのこと。

キャンプは自由に楽しむものですが、ルールを守ってこそ、その資格があります。下記のルールは最低限のルールです。キャンプ場独自に使用規約があるので、必ず事前に確認を。

1 自然を大切に

環境に感謝し、いつまでもキャンプが楽しめるように、自然を大切にしましょう。「植物を傷つけない」「ごみや炭を散らかさない」「水を汚さない、無駄づかいしない」が基本です。
虫や植物の採集が禁じられている場所もあるので、確認を。

2 安全第一で

ケガや事故なく安全に楽しむことを第一に考えて。キャンプで使う道具は危険がいっぱい。刃物や火器の取り扱いに気を付けるのはもちろん、テントやタープなどを正しく設営しないと倒れてケガをすることになります。道具類は取り扱い説明書をよく読んで、正しく使いましょう。気候が悪いとき、体調が悪いときは中止するなど、無理をせずに楽しむことも重要です。

3 まわりの迷惑にならないように

キャンプ場にはほかのキャンパーもいることを忘れずに、音、光、スペースがまわりの迷惑にならないようにしましょう。就寝時間などキャンプ場の規約を守るのはもちろん、まわりへの気遣いが大切です。

注意

- 本書で紹介している項目は、キャンプ場によっては禁止されている行為である場合があります。キャンプ場の使用規約をよく読み、不安な場合はキャンプ場に確認しましょう。
- 本書で紹介している道具の使い方などは、すべての道具で安全に行えるとは限りません。取り扱い説明書などをよく読み、安全に使えるかどうか確認してから行ってください。

CONTENTS

PART 1 キャンプはめしが命です

PART 2 キャンプを遊びたおす

PART 3 沼へようこそ。究極のギア選び

PART 4 ドヤ顔できるキャンプ技

PART 1

food

キャンプはめしが命です

キャンプでのいちばんの楽しみは「ごはん」の時間。

外で食べるごはんは不思議とおいしいものです。

また、キャンプでは「調理」すらも遊びになります。

ガスやIH、電子レンジを使った料理とは一味違う

自分で起こした火で作る、

キャンプならではの豪快な料理を楽しみましょう！

THE
CAP
MEN

PART1 food 001

外だとお美味！本格スパイスカレーを作る

#米が好き #スパイス #こだわりレシピ

カレーで使うスパイス

カルダモン
清涼感のあるピリッとした香りと味。カレーには欠かせない。

シナモン
甘い香りとスパイシーな味。深みのある味に仕上がる。

クローブ
バニラのような香りと痺れるような味でカレーにコクが出る。

ターメリック
色づけに使う。炊飯するときに加え、黄色いごはんにしても。

カイエンペッパー
唐辛子の実を乾燥させたもの。辛みづけに使う。

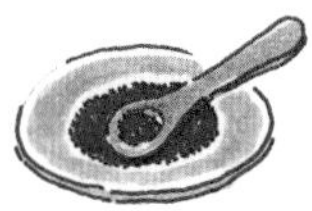

ガラムマサラ
インド料理で使うミックススパイス。辛みがある。

クミン
独特な芳香でカレーがぐんと香り高くなる。

ローリエ
月桂樹の葉。肉や魚の臭み消しになる。

手順さえわかれば難しくない！　スパイスの使い方

キャンプといえばカレーという方、ぜひスパイスで本格カレーを作ってみてください。香り高いスパイスカレーは外で食べると格別おいしい！

スパイスの使い方は次の3つのコツをおさえておけばOKです。

❶ホールスパイスはテンパリングする

油の中にスパイスを入れたら、加熱して油に香りを移す。

❷パウダースパイスは仕上がり直前に

パウダーは香りや風味が飛びやすいので、ホールスパイスとは別にしておき、後入れする。

❸「香り」「色」「辛さ」の3つを使う

香りの強いスパイス、色づけに適しているスパイス、辛みづけスパイスの3種類を組み合わせることで、カレーの味が決まる。

スパイスで作る基本のカレー

材料（2人分）

鶏もも肉…200g
トマト…1個
玉ねぎ…1/2個
サラダ油…大さじ2
カルダモン（ホール）…1粒
クミン（ホール）…小さじ1
にんにく（すりおろし）…小さじ1
生姜（すりおろし）…小さじ1
ターメリック（パウダー）…小さじ1
カイエンペッパー（パウダー）…小さじ1〜
ヨーグルト…50g
水…100ml
塩…小さじ1/2〜

作り方

1 鶏もも肉は一口大、トマトはサイの目、玉ねぎはみじん切りにする。
2 深めのフライパンか鍋にサラダ油をひき、カルダモンとクミンを入れて強火で加熱する。焦げないように注意。
3 香りが出てきたら、玉ねぎを入れてさっと一度混ぜる。そのまま触らずに焼きつける。
4 玉ねぎに焼き色がしっかりついたらひっくり返し、裏側にも焼き色をつける。
5 にんにくと生姜、トマトを入れて炒める。
6 トマトが柔らかくなったら、ターメリックとカイエンペッパーを入れ、水分が飛ぶまでよく炒める。
7 鶏もも肉とヨーグルト、水を入れて中火で10分煮込む。
8 塩で味をととのえる。

アレンジスパイスはお好みでプラス！

シナモン：スパイシーな香りがほしいとき
コリアンダー：甘い香りがほしいとき
パプリカパウダー：燻製のような香りがほしいとき
ブラックペッパー：強い刺激がほしいとき

スキレット
蓋に炭をのせれば上火の調節もできるので、蓋つきのスキレットがオススメ。使い方はP130。

PART1 food 002

生地から絶品ピザを焼き上げる

#スキレット #ダッチオーブン #こだわりレシピ

アウトドアで食べる炭火の香りのピザ

外でも、オーブンがなくても、ピザは焼けるんです！　スキレットやダッチオーブンを使えば、高温の窯で焼いたようにこんがりおいしくできあがります。大切なのは、上火と下火で加熱すること。いずれの場合も蓋の上に炭をのせて焼きます。

春夏なら生地をこねて外に置いておき、気温が低いときはシュラフの中に入れて発酵させましょう。家で準備していって、キャンプ場に着いたらすぐ焼くというのもいいですね。

基本のピザの作り方

生地から手作りするピザは格別の味！ 生地はこねて置いておくだけで簡単です。トッピングのアレンジも楽しんで。

材料（直径20cm　2枚分）

強力粉…200g
薄力粉…100g
ドライイースト…5g
塩…小さじ1/2
水…180ml

トッピング
ピザソース／チーズ／ピーマン／ミニトマト／バジル／サラミなど
※火が通るのに時間がかかるものは、あらかじめゆでておく。

道具

- ボウル
- ラップ
- クッキングシート
- 麺棒
- フォーク
- 蓋つきのスキレットまたはダッチオーブン

作り方

1 ボウルにすべての材料を入れ、10分ほどよくこねる。生地がふくらむので大きめのボウルで。

2 ベタベタしていた生地が手から離れるようになってきたら、ラップをしてあたたかい場所（25℃くらいの場所）に1時間置く。

3 2倍の大きさにふくらんだら生地を取り出し、半分に切って、表面がつるりとするように丸める。

4 まな板にクッキングシートを敷き、打ち粉をして麺棒か手で直径20cmに丸く伸ばす。具材をのせる部分にだけフォークで穴を開ける。

5 ピザソースや野菜、チーズをのせる。余熱しておいたダッチオーブンや蓋つきスキレットに生地を入れたら、上下に炭を置いて、焼き色がつくまで10分ほど焼く。

2
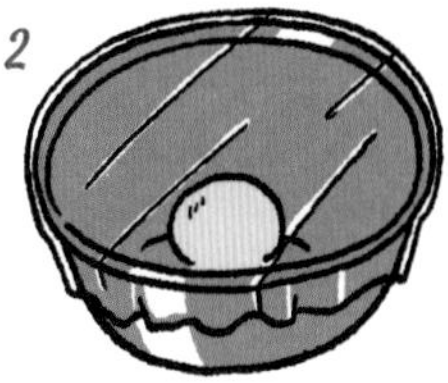

4

5
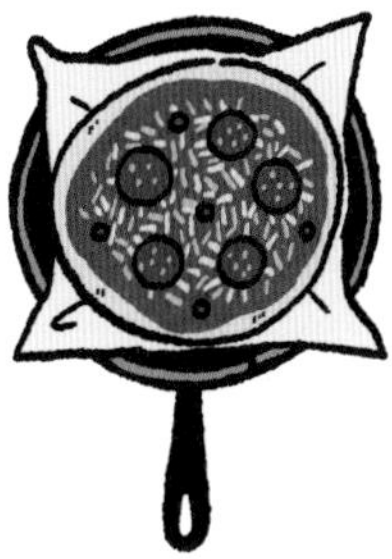

具材アレンジ

- 照り焼きチキン＋玉ねぎ＋コーン＋マヨ
- ブルーチーズ＋モッツアレラチーズ＋はちみつ
- じゃがいも＋明太子＋もち

PART1 food 003

厚切りで外はサクッと中はもちっと。

ジャムの小びんや切れてるバターをもっていくのがオススメ。

#パンが好き #朝ごはん #こだわりレシピ

サクッもちっ！ 究極の炭火トーストを焼く

おいしいトーストの肝は食パンの水分量にあり

外はサクッと香ばしく、中はふっくらもちっと！ そんなトーストをキャンプで味わいたいなら、食パンの選び方と焼き方にこだわってみましょう。もっちりふっくらとした食感を楽しむためには、パンの水分量が大切。一般的には、頭が山の形をしている山食ではなく、四角い角食の方がしっとりしています。また、パンは切ると水分が抜けて乾燥しやすいので、かたまりで買い、トースト前に自分でスライスするのが理想です。

シンプルで究極！炭火トーストの焼き方

1. 炭火は強めにし、網や鉄板をよく温めておく。
2. 食パンは厚め（30mm程度）にスライスする。焼く直前に全体を霧吹きで軽く濡らし、中央に、厚さの半分くらいまで十字の切り込みを入れる。
3. 網または鉄板を炭火から少し遠ざけてから食パンをのせ、焼き色がついたらひっくり返す。

※焦げやすいので注意深く様子を見る。
※短時間で香ばしく焼くのが、水分の蒸発しすぎを防ぐポイント。

トーストアレンジ12選

マヨタマ

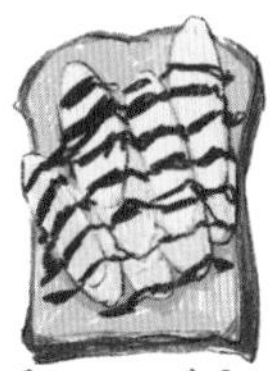
チョコバナナ

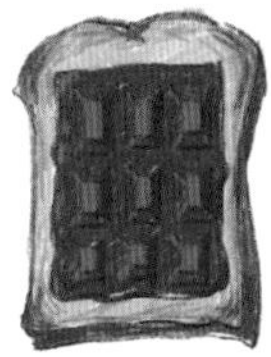
板チョコ

海苔納豆

スモア

しらすチーズ

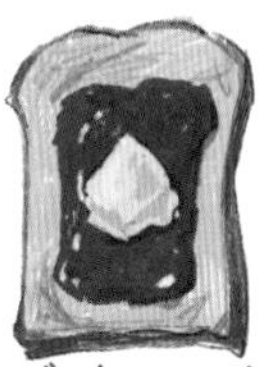
いちごジャムバター

あんバター

焼きレモン

シナモンシュガー

クロックマダム

ピザトースト

PART1 food 004

焼きたてパンの香りで目覚める

#パンが好き #ダッチオーブン #朝ごはん

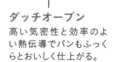

ダッチオーブン
高い気密性と効率のよい熱伝導でパンもふっくらとおいしく仕上がる。

アウトドアで憧れのパン作り

パンは、焼きたてというだけで数倍おいしく感じますよね。外で食べるならなおのこと。自分で作ったという満足感もあいまって、最高の朝食になること間違いなし。パン作りは難しい！と思うかもしれませんが、コツさえしっかりつかんでおけば、おいしく焼くことができますよ。アウトドアで作るときは前日までに生地の準備を終えておけば、翌朝すぐに焼き立てが食べられます。焼くときは上下の火で加熱できるダッチオーブンが必須です。

朝イチで焼ける！基本のパンの作り方

パン生地は、一次発酵までを家で済ませておくとスムーズです。ここまで終わっていれば冷凍することもできるので、冷凍庫に常備しておくのもいいですね。

材料（作りやすい分量）

強力粉…300g
牛乳または水…160ml
砂糖…20g
塩…5g
ドライイースト…3g
バター（室温に戻して柔らかくしておく）
…60g

道具

- ボウル
- ラップ
- ポリ袋
- クッキングシート
- ダッチオーブン

作り方

1 バター以外の材料をボウルの中に入れ、よく混ぜる。

2 ひとつにまとまったら、生地が手につかなくなるまで10分ほどこねる。

3 バターを入れてふたたびよくこね、手につかなくなったら表面がつるりとするように丸める。

4 ボウルに生地を入れてラップをぴっちりし、あたたかい場所（25℃くらいの場所）に1時間置く。

5 2倍にふくらんだら、一次発酵終了の合図。生地をポリ袋に入れ、余裕を持たせて口を閉じ、クーラーボックスに入れてキャンプ場へ（すぐに出かけない場合は冷蔵庫か冷凍庫へ）。

6 焼く1時間前に生地を取り出したら、空気をしっかりと抜きながら丸め直し、8〜12等分にして丸める。

7 ダッチオーブンにクッキングシートを敷いて生地を並べる。ダッチオーブンにラップをかけて生地が乾燥しないようにしてから、蓋をする。

8 1.5倍くらいにふくらんでいたら、ダッチオーブンを火にかけ、熱々の炭を蓋に置く。

9 下火は弱火、上火は強火で15〜20分くらい様子を見ながら焼く。

1

4

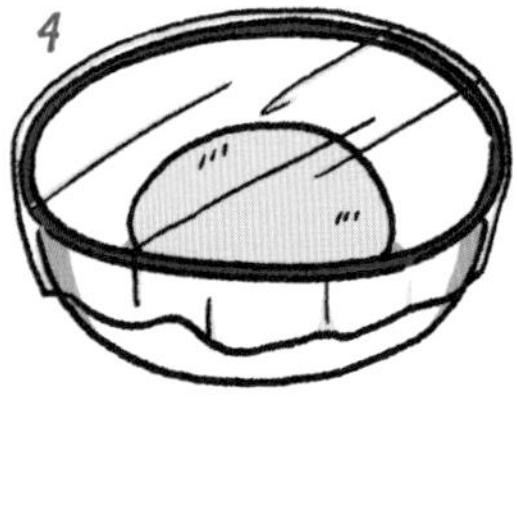

PART1 food 005

バリエ無限のホットサンドを極める

#パンが好き　#朝ごはん　#アレンジレシピ　#ラクチンレシピ

メリット 1
なんでも挟んで焼ける！レシピいらずのお手軽さ。

メリット 2
ボリュームたっぷりの見栄えがする満足ごはんが作れる！

メリット 3
余り食材の消費にもぴったり！

残ったおかずも おしゃれにリメイク！

ホットサンドメーカーは、今やアウトドア飯の必需品。いつものサンドイッチの具材も、残ったおかずも、フルーツも、挟んで焼くだけでこんなにおいしくなるなんて！　ぎゅっと圧縮できるので、コロッケや焼肉などボリュームのある具材も挟めます。

入れるものがなにもないときは、バターやケチャップを内側に塗ってサンドするだけも、香ばしくていつもの食パンと違った味わいに。肉まんやメロンパンを挟んでもおいしいです。

オススメ具材6選

鉄板の組み合わせ！

BLTサンド

昨日の残りで作ろう！

カレーチーズ

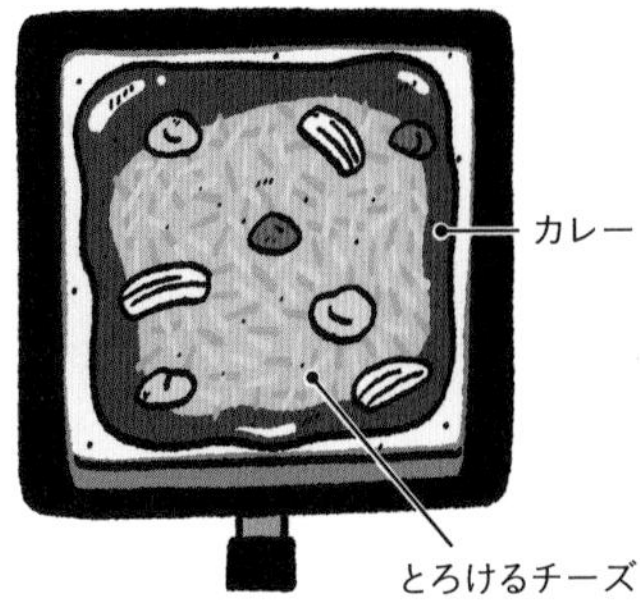

リッチな気分に！

ステーキサンド

朝食の定番!!

ハムエッグチーズ

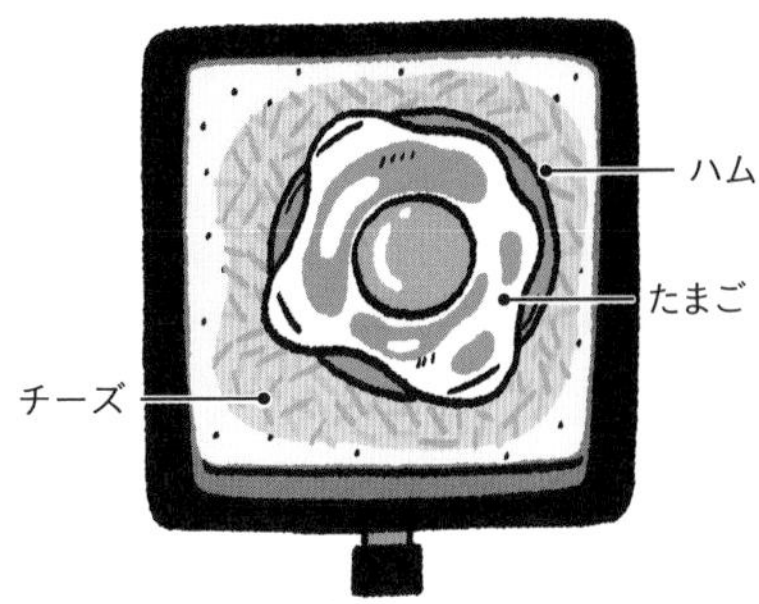

パンだけじゃない！

肉巻きおにぎり

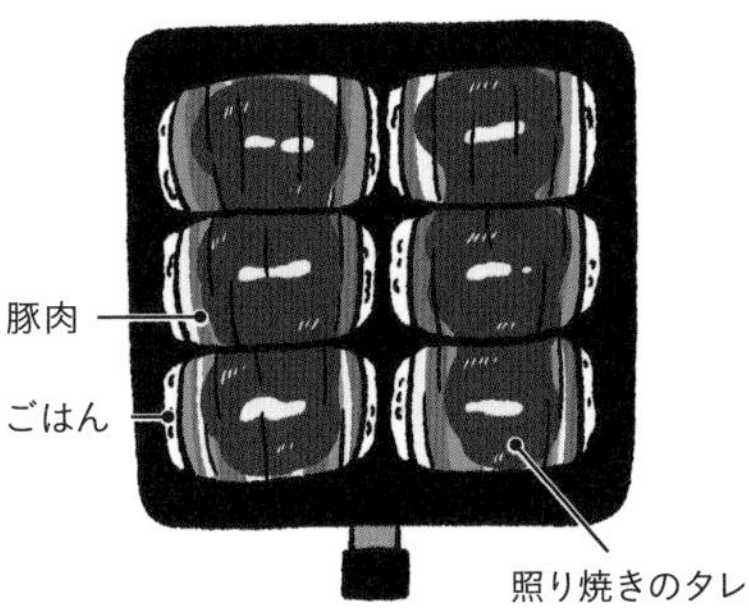

まちがいないコンビ！

チョコバナナ

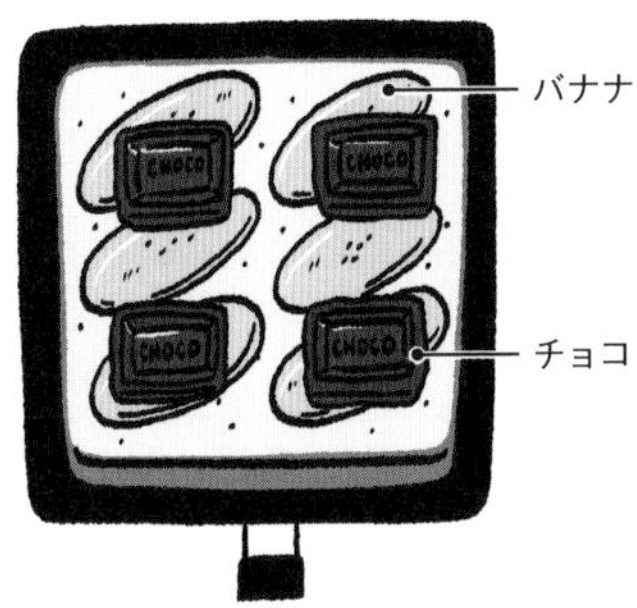

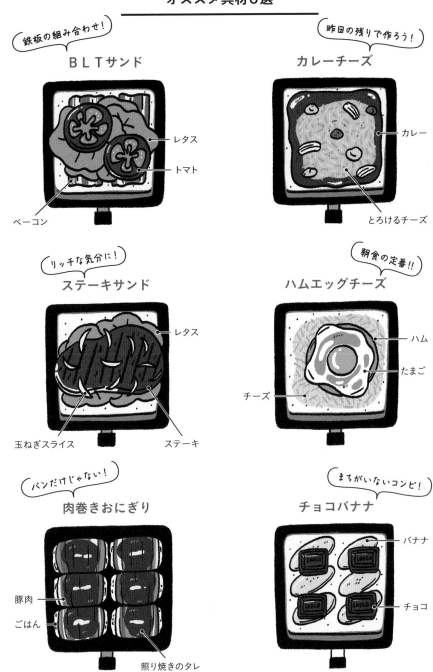

PART1 food 006

焚き火のあとは焼きおにぎりで〆る

#米が好き #アレンジレシピ #焚き火・炭火レシピ

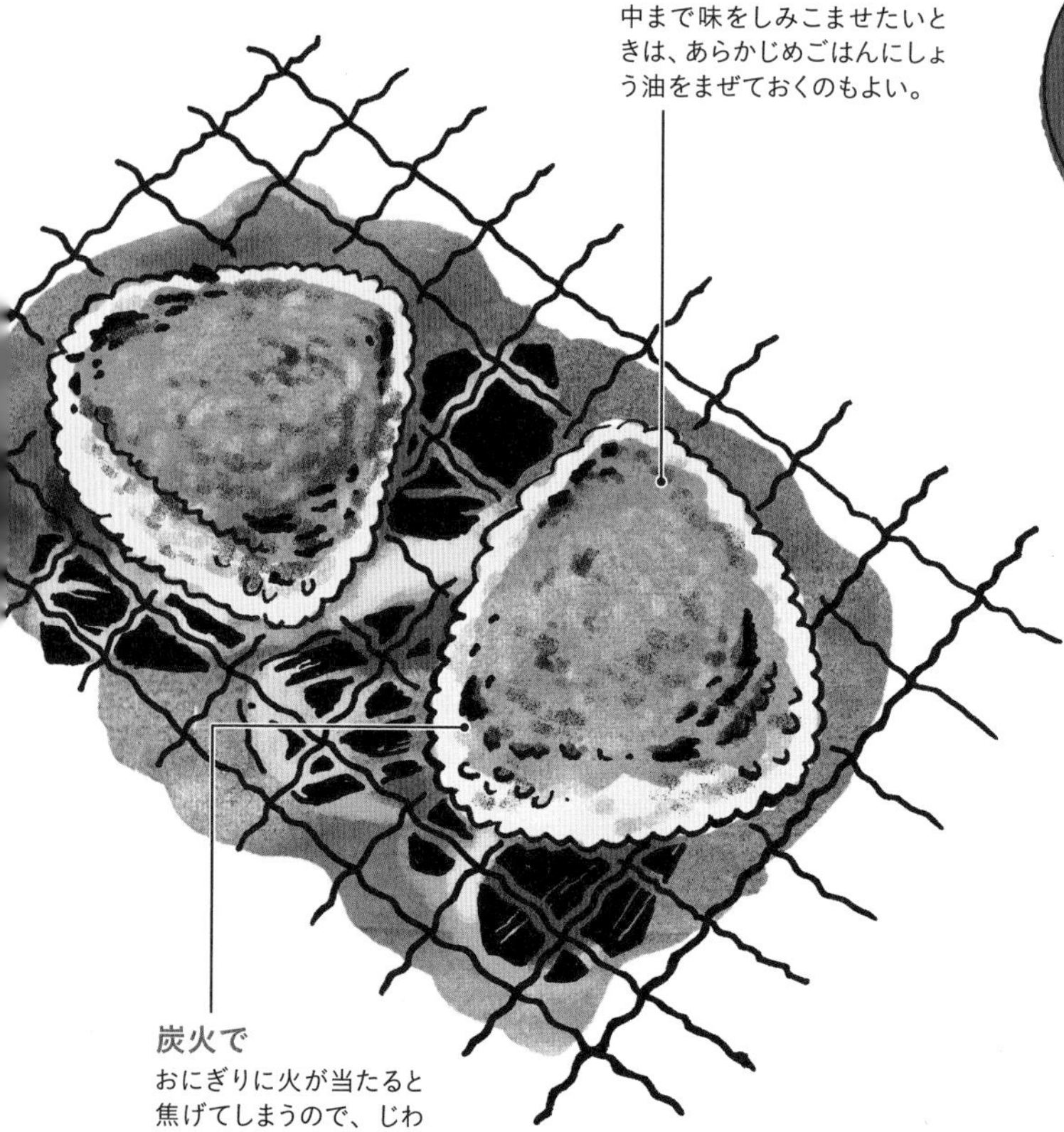

しょう油味
中まで味をしみこませたいときは、あらかじめごはんにしょう油をまぜておくのもよい。

炭火で
おにぎりに火が当たると焦げてしまうので、じわじわと焼けるよう炭火に網をのせて焼く。

バリエーション豊富でおいしくて楽しい！

焚き火も静かになっていい感じの熾火になってきたならば、宴の〆におにぎりを焼かない手はありません。

ポイントは、焼き網にごはんがくっつかないよう、しっかりとごはんが冷めてから焼くこと。やや硬めにぎゅっと握ると、壊れずに焼き上げられます。

おにぎりはバリエーションが無限ですが、いちばん簡単に作れるのは、香ばしく焼いた焦がししょう油味。おにぎりの表面に焼き色がついてきたら、ハケでしょう油を塗りましょう。

オススメアレンジ6選

最強の組み合わせ

タラコマヨ

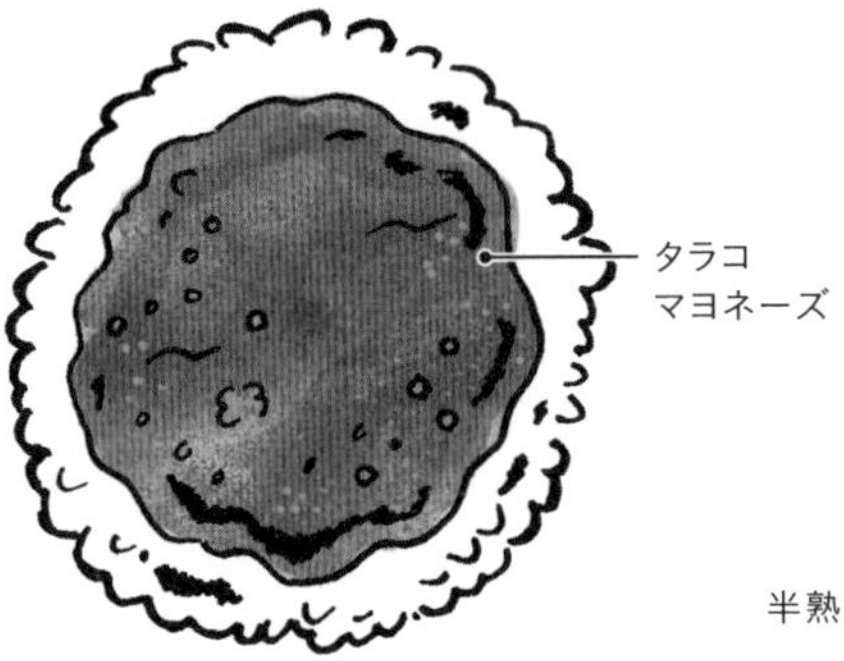

半熟は正義！

半熟みそたまご!!

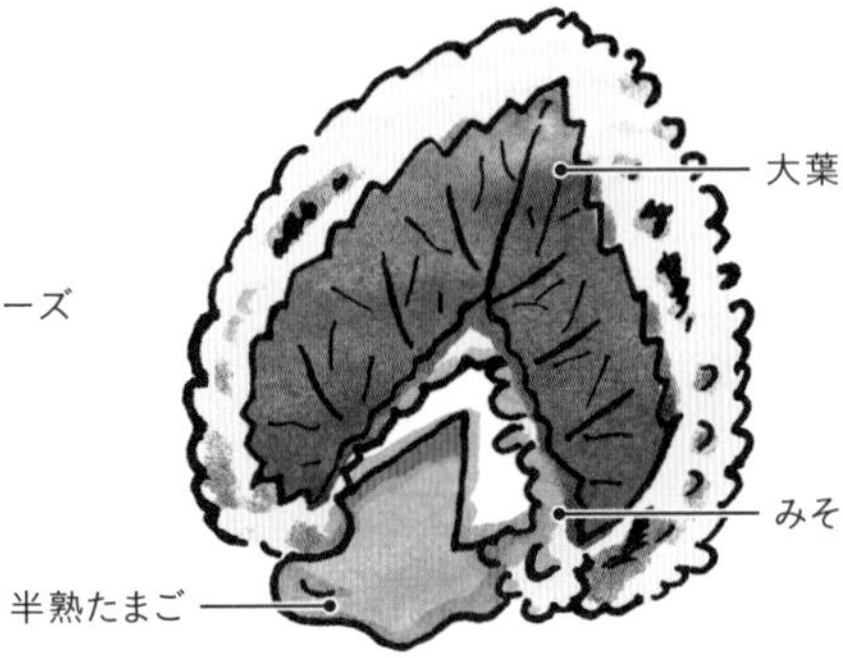

とろーりチーズ

チーズ in 焼きおにぎり

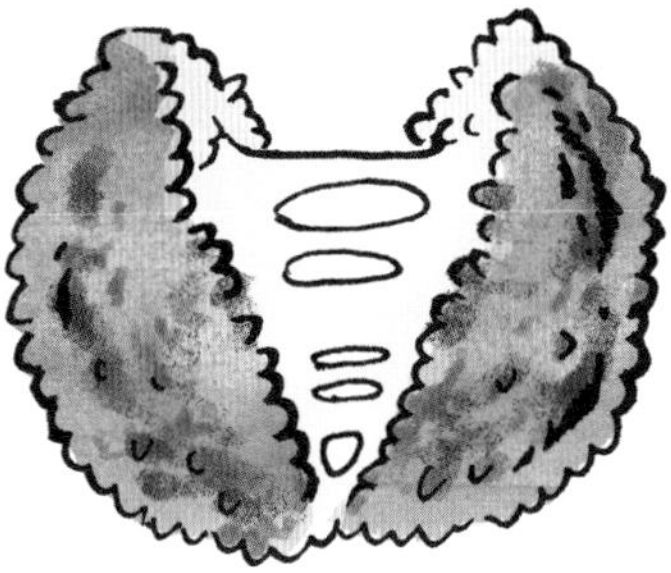

スキレットで

カレーおにぎり

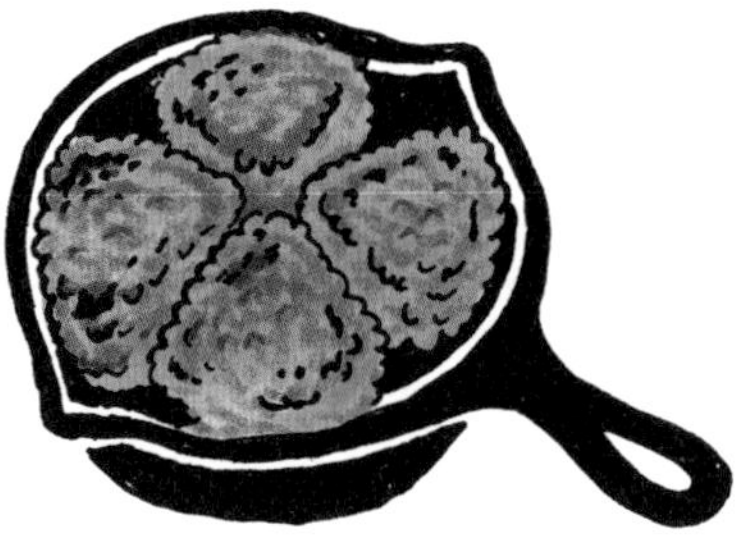

さらさらと！

焼きおにぎり茶づけ

王道！

シャケコーン

PART1

food

007

キャンプつまみの王者アヒージョを作る

#おつまみ　#ラクチンレシピ　#アレンジレシピ

アヒージョの楽しみはオイルにあり

オリーブオイルをにんにくや唐辛子で香りづけをし、具材を入れて煮込むスペインのタパス。具材のバリエーションが豊富でいろいろな味が楽しめるので、とろ火になった焚き火にかけながら、お酒や会話のおともになる最高のおつまみです。

でも実は、この具材は脇役。本当の主役は、香りや旨みがしみたオリーブオイルなのです。パンにつけたりパスタに絡めてオイルの味を楽しむのが本場流。ショートパスタにからめても。

好きな具材をいろいろ楽しめる！
シェラカップなどを火にかけるだけで簡単！

基本のアヒージョの作り方

材料（シェラカップひとつ分）

むきエビ…2～3個
ブロッコリー…1/8株
マッシュルーム…2～3個
オリーブオイル…100ml
にんにく…1～2片
鷹の爪（タネを取り除く）…1本
塩…少々

作り方

1 むきエビは洗う。ブロッコリーは一口大に切る。

2 シェラカップにオリーブオイルを注ぎ、にんにくと鷹の爪を入れて弱火にかける。

3 香りがあがってきたら、水気をしっかり切ったむきエビ、ブロッコリー、マッシュルーム、塩を入れて煮る。

オススメ具材

砂肝&キノコ

イカ&じゃがいも

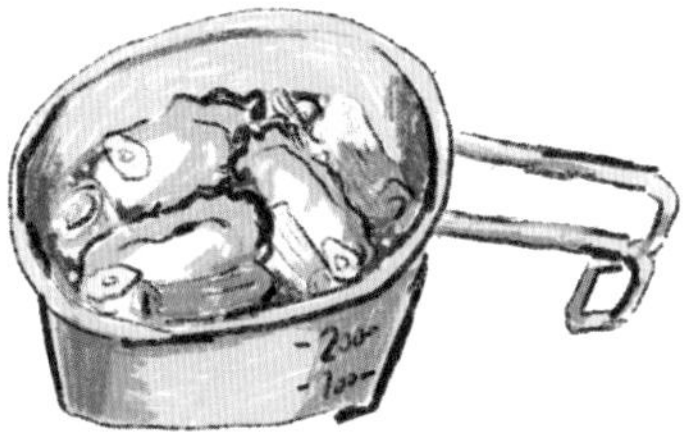

牡蠣&ネギ

タコ&ブロッコリー

シャケ&ミニトマト

アボカド&みかん&エビ

PART1 food 008

時間が調味料！放置系キャンプめしを作る

＃肉が好き　＃ラクチンレシピ　＃焚き火・炭火レシピ

骨つき肉もやわらか！
アレンジ自在の鶏ハム
かたまり肉もほったらかしでOK！

時間が料理してくれる最高のシチュエーション

おいしいものを食べたいけれど、慣れない外での料理、手際よくできるか不安……。そんな方には、ほったらかしでOKの料理がオススメです。調理器具の特性を生かせば、手間がかからず、おいしくてワイルドな料理が仕上がります。

また、焚き火や炭火は火力が強いので時短調理ができる上、日常では味わえないスモーキーないい香りの料理が作れます。ほったらかしでできる3種類のレシピを作ってみましょう。

ほったらかし料理レシピ3選

骨つき肉のポトフ

ダッチオーブンで
煮込む

材料（4人分）

鶏手羽元…4本
にんじん…1/2本
玉ねぎ…1/2個
じゃがいも…中2個
サラダ油…大さじ1
にんにく…1片
キャベツ…1/6個
ソーセージ…2本
ローリエ…1枚
塩こしょう…適量

作り方

1 鶏手羽元は骨の脇に包丁目を入れておく。

2 にんじんは乱切り、玉ねぎは一口大、じゃがいもは皮をむき半分に。

3 ダッチオーブンに油をひき、スライスしたにんにくを炒めたら、鶏手羽元と大きめに切ったキャベツを焼いて両面に焼き色をつける。

4 にんじん、玉ねぎ、じゃがいも、ソーセージ、ローリエを入れて中火にかけたら、蓋をして10分煮込む。

5 塩こしょうで味をととのえる。

鶏ハム

ポリ袋に入れて
ゆでるだけ

材料（1本分）

鶏むね肉…1枚
砂糖…小さじ1
塩…小さじ2

作り方

1 鶏むね肉は皮を取って包丁で切り込みを入れ、平らにする。

2 砂糖と塩を肉の両面によくすり込んで、1時間ほどクーラーボックスで寝かせたら、常温に戻す。

3 鶏むね肉の両面をキッチンペーパーで拭き、広げたラップの上に置いてくるくると巻く。左右はねじって結ぶ。

4 *3*をポリ袋に入れて、沸騰したお湯の中に沈める。

5 ふたたび沸騰したら火を止め、蓋をして3時間おく。

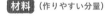

6 取り出して薄くスライスする。

ローストビーフ

炭火で焼くから
おいしい

材料（作りやすい分量）

牛かたまり肉…200g
砂糖…小さじ1
塩…小さじ1
オリーブオイル…大さじ1

作り方

1 牛かたまり肉を室温に戻しておく。

2 表面に砂糖と塩を塗り、オリーブオイルをひいたフライパンや鉄板で全面にこんがりと焼き色をつける。

3 *2*をアルミホイルで包み、遠火で5分ほど蒸し焼きにする。

4 火から下ろしたら、粗熱が取れるまでタオルに包んでおき、余熱で火を通す。

PART1 food 009

かたまり肉をワイルドに調理する

#肉が好き #ワイルドレシピ #トライポッド

トライポッド（➡P150）があれば、直火に下味をつけた豚バラブロック肉を吊るしたベーコンが作れる。

アウトドアならではの豪快料理が食べたい

焚き火や炭火で豪快に調理できるかたまり肉は、キャンプにもってこいの食材。大きな肉を切り分ける瞬間はテンションもあがります。丸鶏をローストしたり、牛肉を焚き火で焼いてシュラスコのように食べたり、豚のブロック肉を煮込んだり……シンプルな調理法で十分おいしいのも魅力です。

また、かたまり肉を料理に合わせてその場で小さく切って使うというのも、アウトドアならではのワイルドさと自由度が感じられます。

牛肉はシンプルに
シュラスコで

肉を串に刺し、塩こしょうして、弱～中火でじっくり焼く。焼けた部分をナイフでそぎ切りしながら食べる。焼いてからアルミホイルに包んで少し休ませるとよりジューシーに。イチボやランプ肉がオススメ。

鶏丸ごとを
ダッチオーブンで

丸鶏の中をよく洗って刻んだ玉ねぎやセロリなどの野菜、お米を詰める。おろしにんにくと塩こしょうをぬり、ダッチオーブンに入れて上火・下火で1時間ほど蒸し焼きに。

かたまり肉を料理するときに大切なのは温度

かたまり肉は、その厚みゆえ火が入りにくいので、まわりはこげこげで中はまだ生焼けという残念な結果になりがち。じょうずに仕上げるコツは、必ず常温に戻してから調理すること。季節にもよりますが、調理する1~2時間前にはクーラーボックスから外に出し、触ってみてぬるいなと感じる温度ではじめます。寒い季節にはテントに入れておくなどしても。

また、豚肉と鶏肉は必ず中まできちんと火を通しましょう。暗いときは懐中電灯で照らして、しっかり中まで焼けているか確認して。

残ったかたまり肉の料理は、薄くスライスしてサンドイッチに入れたり、小さく切ってチャーハンに加えたり、リメイクも楽しめます。

PART1 food 010

万能器具！鉄板ひとつで便利に済ます

#肉が好き #便利な調理器具 #ラクチンレシピ

鉄板料理その❶　焼く

ステーキの焼き方

牛肉を常温に戻し、高温に熱した鉄板に牛脂をひいたら、さっと表面を焼いて、焼き色をつける。アルミホイルを上からふわりとかけ、2分ほど蒸し焼きにする。

お肉を焼くだけじゃない！かさばらない鉄板の優秀さ

キャンプ道具がそろってくると困るのは、荷物が多くなってしまうこと。そんなときは、ひとつで何役もこなせる調理道具の存在がありがたくなってきます。鋳鉄製で直火調理できる鉄板は、薄くてかさばらず、火の通りがよいのが特徴。炒めものや焼きそばのほか、縁があがっているものなら、汁気のある調理もできます。大きめサイズを持っておくと同時調理ができるのでおすすめです。厚みがあると重くなるので、3〜5㎜のものを。

鉄板料理その❷　蒸す

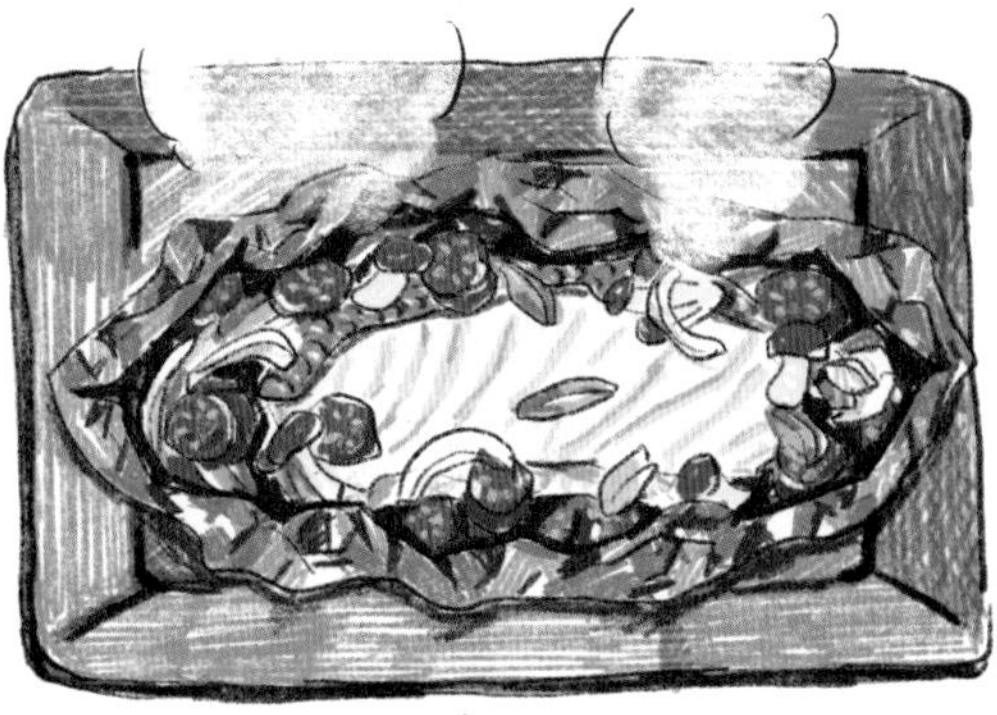

白身魚の中華蒸しの作り方

アルミホイルに、白身魚と千切りにした玉ねぎ、ピーマン、プチトマト、しめじを入れたら、酒と塩を振って包み、鉄板の上で蒸し焼きにする。火が通ったらしょう油とごま油をたらす。好みで胡椒を振る。

鉄板料理その❸　プレス

鉄板ホットサンドの作り方

8枚切りの食パンにとろけるチーズとベーコンを挟み、鉄板で焼き色がつくまでよく焼く。ひっくり返すタイミングで、上からカッティングボードでプレスする。このとき、カッティングボードを縦にして耳の部分をしっかり押さえると、ホットサンドメーカーで作ったようにうまく挟める。

PART1 food 011

#便利な調理器具 #おつまみ #おやつ

たこ焼き器でおかずもおやつもつまみも作る

これ一台でなんでも作れる!!

みんなでワイワイ作業するのが楽しいたこ焼き器。キャンプで使えばもりあがること間違いなしなだけでなく、実はいろんな料理が作れる万能調理器でもあるんです。くぼんだ鉄板は効率よく火が通るので、たこやき以外にも、おつまみ、おかず、スイーツとなんでも作れてしまいます。ひとつひとつ個別に焼けるので、いろいろな種類を少量ずつ作るのにも最適。そして、とにかく何を焼いても、コロンと丸い形がかわいい！

チーズフォンデュ

材料（たこ焼き16個分）

白ワイン…80ml
片栗粉…5g
にんにく…2片
とろけるチーズ…150g
好みの具材（バゲット、ゆでた野菜、ソーセージなど）

作り方

1. 白ワインに片栗粉を溶かしておく。
2. スライスしたにんにく、チーズ、1をたこ焼き器のくぼみにひとつずつ入れ、加熱する。
3. チーズが溶けてきたらよく混ぜ、好みの具材をつける。

焼きおにぎり

材料（たこ焼き16個分）

炊いたごはん…480g（1つ30g）
しょう油…大さじ1/2
ごま油…適量

作り方

1. 炊いたごはんにしょう油を混ぜ、丸いおにぎりを作る。
2. たこ焼き器にごま油をひいて加熱し、1を入れる。
3. 返しながら焼き、焼き色がついたらハケでしょう油（分量外）を塗って軽く焼いたら火を止める。

みんなでワイワイ！

ひと口サイズで子どもも パクッと食べやすい！

ひと口サイズに焼けるので、手を汚すことなく食べられるのもよいところ。ひとつひとつトッピングやフィリングを変えて、自分好みのものを作って楽しむこともできます。ひとつだけチョコレートやチーズのアタリを仕込んでおくと、子どもたちとの楽しい遊びに。

下のレシピのほか、海鮮やきのこなどを入れたアヒージョもたこ焼き器で作れます（レシピは27ページ）。油を多めにひけば揚げ物もできるので、ドーナッツや胡麻団子もおいしく作れます。

ちなみにたこ焼きの粉を使うときには、口の広いペットボトルに粉と水やたまごを入れ、振り混ぜておくと、たこ焼き器に流しやすくて便利です。

シウマイ

材料（たこ焼き16個分）

玉ねぎ…1/4個
豚ひき肉…150g
塩…小さじ1/2
ごま油…小さじ1
しょう油…小さじ1
片栗粉…大さじ1
シウマイの皮…16枚
グリーンピース…16個

作り方

1. みじん切りにした玉ねぎと豚ひき肉、塩、ごま油、しょう油、片栗粉をよく混ぜる。
2. たこ焼き器に油（分量外）をひき、シウマイの皮を入れたら、1をスプーンですくってのせ、グリーンピースを飾る。
3. 蓋をして蒸し焼きにする。

ストロベリーパイ

材料（たこ焼き16個分）

いちご（冷凍でも可）
　…1パック（250g）
砂糖…50g
パイシート…1枚
クリームチーズ…50g

作り方

1. いちごと砂糖を鍋に入れ、加熱してジャムを作る。
2. パイシートを16等分して伸ばしながらたこ焼き器に入れる。
3. 1とクリームチーズを入れ、パイシートに焼き色がつくまで焼く。

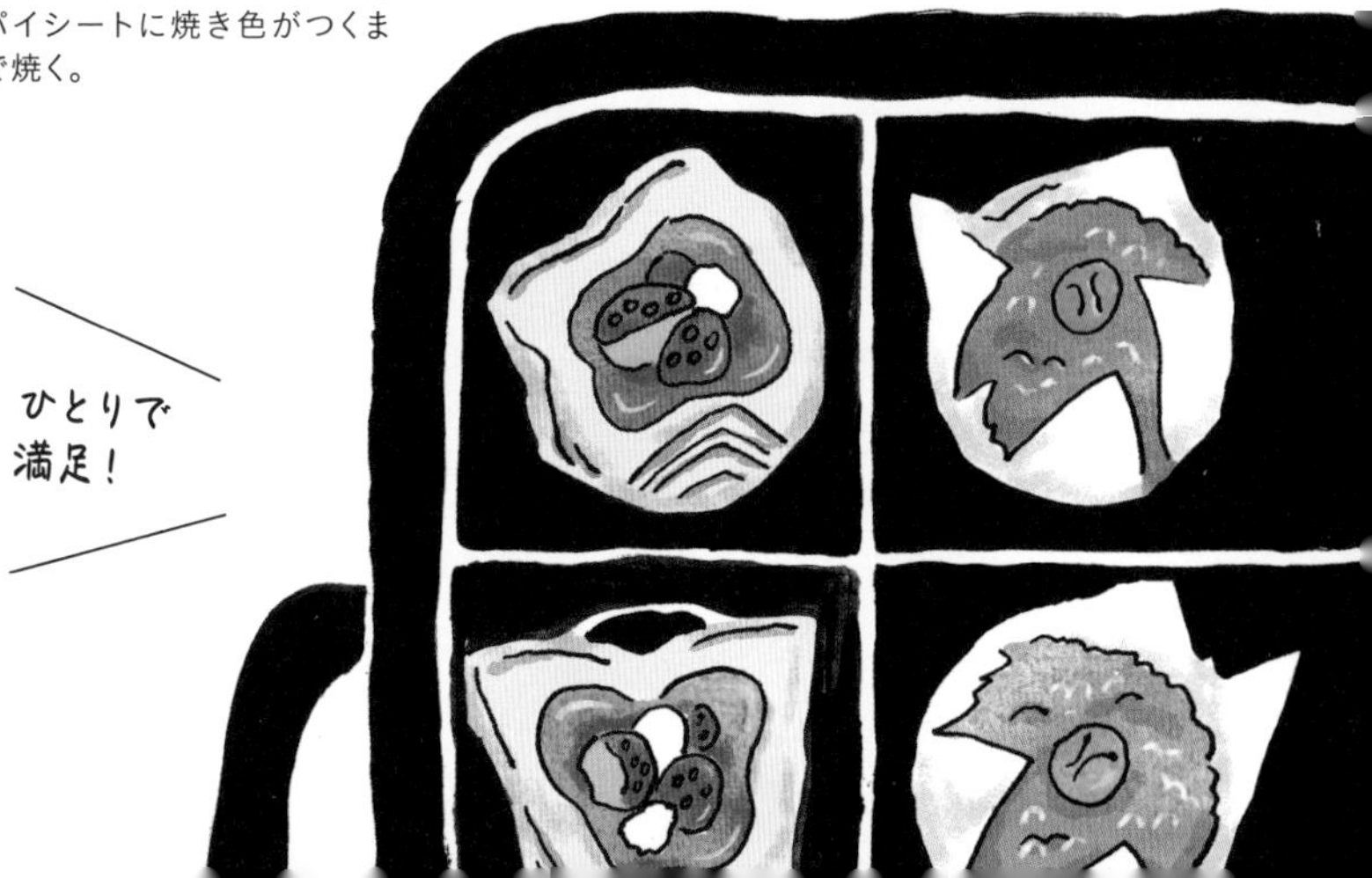

PART1 food 012

おかずもごはんもメスティンを使いこなす

#便利な調理器具 #米が好き #ソロキャン

ひとつあればどんな料理もお手のもの

数年前から手軽な調理器具として人気のメスティン。アルミ製で熱伝導率がよく、ごはんを炊くだけでなく、煮込みや炒め物もじょうずにできるのが大きな特徴です。作ったあとはそのまま食器としても使えます。軽くコンパクトなので、収納と持ち運びに便利なのもうれしいポイント。

蒸すときに使える網やメスティンサイズの鉄板など、周辺アイテムも豊富。ただし、過度な強火で水気なしに使うと熱損の可能性があるので要注意。

メスティン
メーカーによってサイズはさまざま。人気のトランギア製はお米1.8合が炊ける通常サイズと3.5合が炊けるラージの2種類でファミキャンにも。

網
メスティンに網と水を入れれば蒸し料理もできる。

バーナー
小さなバーナーで調理できるのが便利。

蓋
アルミ製なので蓋でも調理できる。

メスティンで炊くひとりごはん

材料

お米…1合
水…200ml

炊き方

1 お米を洗って分量の水に30分浸しておく。

2 強火にかけて沸騰させる。

3 沸騰したら中弱火にして蓋をし、12分炊く。

4 火を止めてメスティンをタオルで包んでひっくり返し、10分蒸らす。

5 蓋を開けてごはんをよく混ぜる。

使いはじめとメンテナンスのこと

買ったばかりのメスティンにはバリ（金属加工時にできる突起）があるので、蓋と本体のフチを紙やすりでやすりがけします。バリ取りをしないとケガしてしまうので必ず行いましょう。

また、購入したてはアルミの金属臭があり、焦げつきやすいので、シーズニングをして本体を保護する必要があります。シーズニングの仕方は簡単。メスティン本体を米の研ぎ汁に浸けて15分ほど煮込みましょう（このとき取手は外します）。冷めたら柔らかいスポンジで洗います。

炒める

焼きそばや野菜炒めに

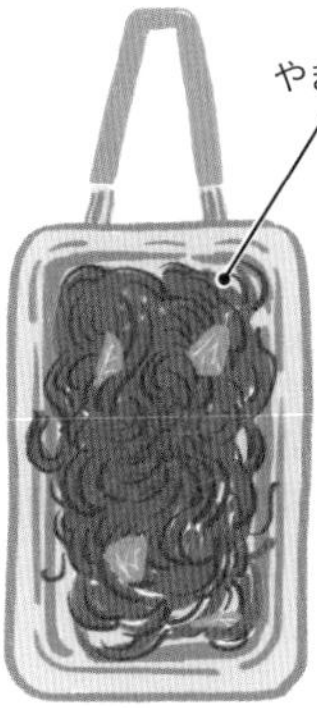

煮る

スープや煮物に

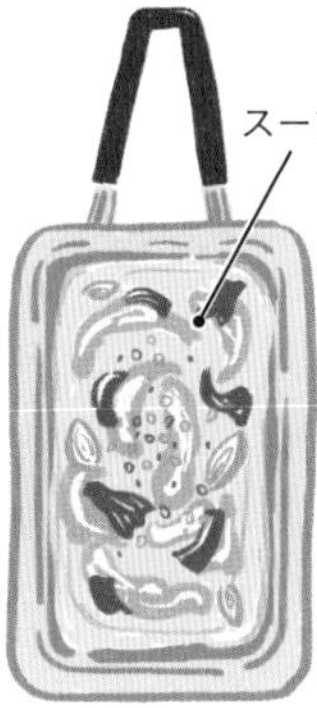

ゆでる

野菜の下ごしらえに

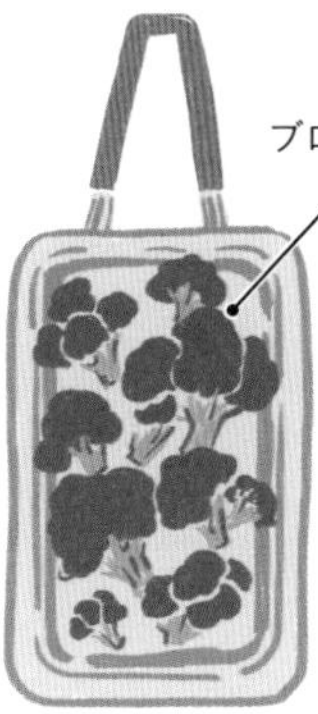

蒸す

蒸しパンや蒸し野菜に

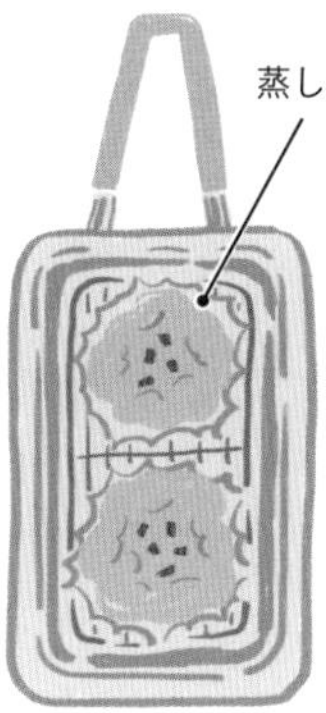

豪快ハンバーガーをほおばる

#焚き火・炭火レシピ #肉が好き #ワイルドレシピ

バンズ
切り口のほうにさっと焼き目をつけて、バターを薄く塗る。

ベーコン
1cmくらいの厚みがベスト。

パティ
100％ビーフで作ったハンバーグを挟んで。最後にとろけるチーズをのせても。

味つけ
ケチャップ、マスタード、マヨネーズ、BBQソースなど。

生野菜
水気をしっかりキッチンペーパーなどで拭いてから挟む。

炭火だから ワイルドな味になる

炭火でパティやベーコン、玉ねぎを焼けば、アウトドアならではの豪快なハンバーガーが作れます。ポイントはバンズも香ばしく焼くこと！ 家族や大勢でキャンプするときは、さまざまな具材を用意して鉄板で焼き、それぞれ好みの具材を挟んで、オリジナルのバーガーを作るのも楽しいですよ。ハンバーグの代わりに、カルビ肉やラム、ガーリックシュリンプなどもオススメ。付け合わせに、小鍋で冷凍フライドポテトを揚げれば言うことなし！

PART1 food 014

#ラクチンレシピ　#ソロキャン　#アレンジレシピ

カップラーメンを粋にアレンジする

カップラーメンの可能性は無限大！

設営前の腹ごしらえや山登り後の昼ごはんなど、料理ができないときはカップラーメンが重宝します。そのまま食べてもおいしいけれど、アレンジするのがまた楽しい！　コツはシンプルな味のものを選ぶことと、スープの素やお湯の量を工夫して、好みの濃さに調整すること。いろいろ試して好きな味を見つけてみてください。スープやかやくが別袋に入っているタイプなら、湯切りしてからスープの素を混ぜ、焼きそば風にもできます。

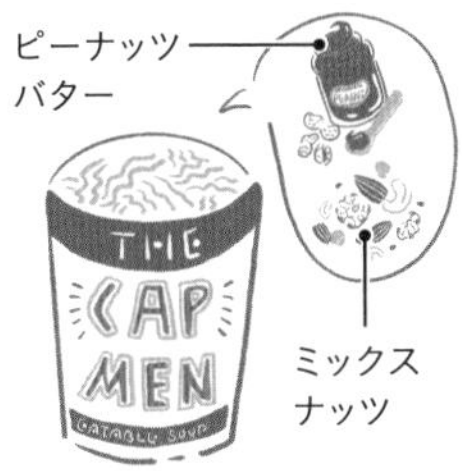

ナッツラーメン

チーズコーンラーメン

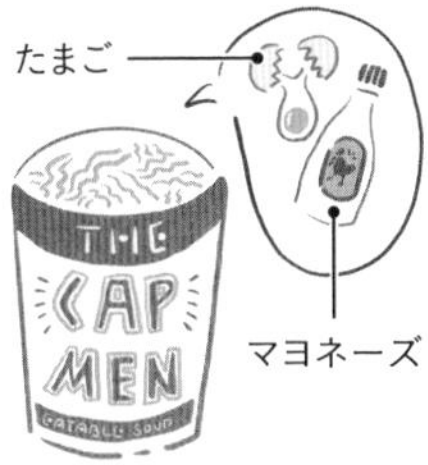

マヨたまラーメン

カレーラーメン

ミルキーラーメン

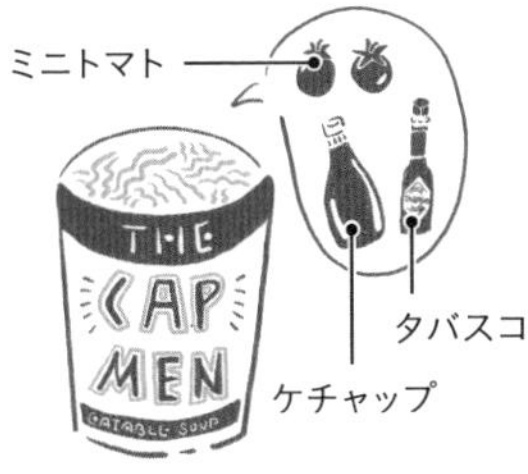

辛！トマトラーメン

PART1 food 015

極上ステーキを石焼きでいただく

#肉が好き #こだわりレシピ #焚き火・炭火レシピ #ワイルドレシピ #石

石で焼くとうまいのは遠赤外線効果

石焼きいもに石焼きステーキ。石で焼くっておいしそう……、日常ではなかなかできないこんな調理法も、アウトドアなら実行可能！　石が遠赤外線を発して食材の内側から加熱していくので、ステーキ肉も柔らかく焼くことができます。

肉がのせやすい平らな石を炭火の上や網にのせ、石が熱くなったら肉を焼きましょう。濡れている石を加熱すると割れて飛び散る危険がありますから、よく乾いた石を使いましょう。

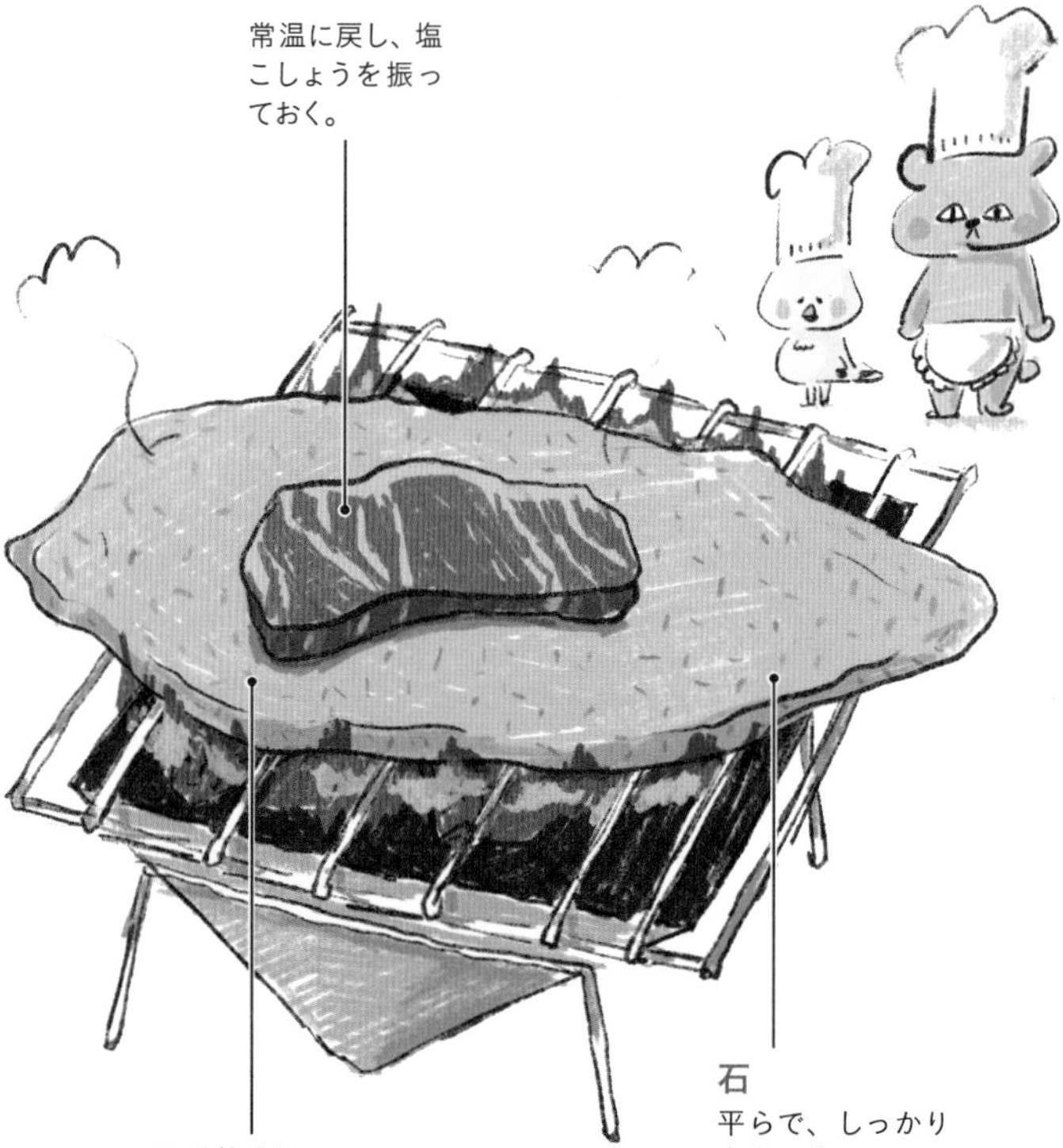

常温に戻し、塩こしょうを振っておく。
石が熱くなってから肉をのせる。
石
平らで、しっかり中まで乾いている石を使う。

#おつまみ　#アレンジレシピ　#ソロキャン

＋缶詰でお手軽おつまみを作る

あらためて……缶詰ってなんて便利！

保存期間が長く、常温で置いておける缶詰をアウトドア料理に活用しない手はない！　そのまま食べるだけでなく、ときには調味料代わりにもなるので、いくつか持っておくのがオススメです。

また、災害用に買い置きしている缶詰も、賞味期限が近くなったらアウトドアで消費する、という癖をつけておくとよいでしょう。毎年時期を決めておけば忘れず、災害時の調理の訓練にもつながります。

＋いわしの味噌煮缶

コクのある味噌で味つけされたいわし缶には、チーズがよく合う。スキレットにいわし缶を入れてとろけるチーズをのせて加熱し、上から七味をたっぷりと。

＋さば缶

骨まで柔らかくて旨みがあり、さばを食べるより栄養価の高いさば缶。炊き込みごはんにしたり、お味噌汁に入れたりするのもおいしい。

＋やきとり缶

こってりとした味のやきとり缶は、さっぱりした味のものと和えて。アボカドやスライスしてゆでた玉ねぎと和えたり、木綿豆腐とよく混ぜて白和え風にも。

＋スパム缶

表面がカリッとするまでそのまま焼くだけでもおいしいけれど、ピーマンや筍と一緒に細切りにして青椒肉絲風にしてみてはいかが？

使える缶詰リスト

魚介系	さば・いわし・牡蠣・あさり・オイルサーディン
肉系	コンビーフ・牛肉のしぐれ煮・チョリソー・牛タン・やきとり
野菜系	アスパラガス・オリーブ・ツナ・コーン・トマト・豆
果物系	みかん・さくらんぼ・黄桃・アロエ・マンゴー・りんご

※缶詰は直火で調理しないでください。

PART1 food 017

燻製したらおいしい食材を探る

#おつまみ #アレンジレシピ #DIY

段ボールで作る燻製器。
スモークウッド。木の種類による香りの違いを楽しんで。

段ボールで燻製器が作れる

においや煙が気になる燻製は、広々したキャンプ場ならではの楽しみ。専用の機器も売っていますが、段ボールを使った燻製器を作るのが簡単ですよ。

段ボール箱の燻製器は、使うたびたたんで持ち帰るのもいいのですが、においがつくので、段ボールだけは毎回捨て、網やチップだけを常備しておくのがオススメです。かたまり肉を吊るしてベーコンにしたい場合は縦長の大きな段ボールで作り、フックをかけて肉を吊るしましょう。

燻製器の作り方

1. 段ボール箱をしっかりガムテープで閉じたら、扉になるよう正面をカッターで切り出す。
2. 中央に焼き網を取りつけ、上に食材をのせる。
3. スモークウッドやチップに火をつけて手であおぎ、煙が出たら耐熱アルミ皿やボウルに入れる。
4. 扉をしっかり閉じて煙を充満させ、1〜2時間待つ。食材に香りが移り、茶色くなっていたら完成！

必要な道具

- 段ボール箱（みかん箱くらい）
- 焼き網
- スモークウッドまたはスモークチップ
- ライター
- ボウルまたは耐熱アルミ皿

燻製食材ランキング

1位 ミックスナッツ

燻製したくるみやアーモンドは香ばしい大人のおつまみに。ドライフルーツが一緒に入っているものでもおいしい。網から落ちてしまうのでカップなどに入れて。

2位 チーズ

プロセスチーズやカマンベールに黒胡椒をたっぷり振るのもオススメ。カマンベールは溶けやすいので、切らずにそのまま燻製して。

3位 ベビースターラーメン

燻製すると、香ばしさが際立つ。ほんのりあたたかいのも◎。ビールのおともにたまらない一品。ほかにもスナック菓子は意外なおいしさが発見できるので試してみて。

4位 サーモン＆ししゃも

刺身用のサーモンやししゃもを燻製にすると、日本酒に合うおつまみに。ししゃもは干物を使ってもよい。生モノの燻製は夏場以外でチャレンジしよう。

5位 ソーセージ＆ベーコン

すでに燻製されているソーセージやベーコンも、燻製し直すと香りがより高くなる。ブロック肉からベーコンを燻製していくのも、慣れたらやってみたいもの。

6位 ゆでたまご

燻製するときは、半熟でゆでて殻をむいておくのがおすすめ。ちびちび食べたいなら、水煮になっているうずらのたまごを使うのが便利。

ほかにも…

手羽先や丸ごと玉ねぎ、牡蠣、タコ、白子や鶏ハムなどもおすすめ。

PART1 food 018

旨み凝縮！太陽の下で野菜を干す

#こだわりレシピ #手作り食材 #野菜が好き

乾かすことでおいしさがぎゅっと詰まる

干した野菜は水分がなくなって、味やうまみが濃厚に。独特の食感もくせになります。干し野菜作りに適しているのは、天気がよくてカラリと乾き、風のある日。湿度の低い冬のほうが乾きやすく、短時間で仕上がります。キャンプ場で干したものをそのまま料理に使ったり、食べきれなかった野菜を干して持って帰るのもいいですね。しっかり干しておくとそのまま常温で保存でき、かさが減るので、次のキャンプに持っていくのにも便利です。

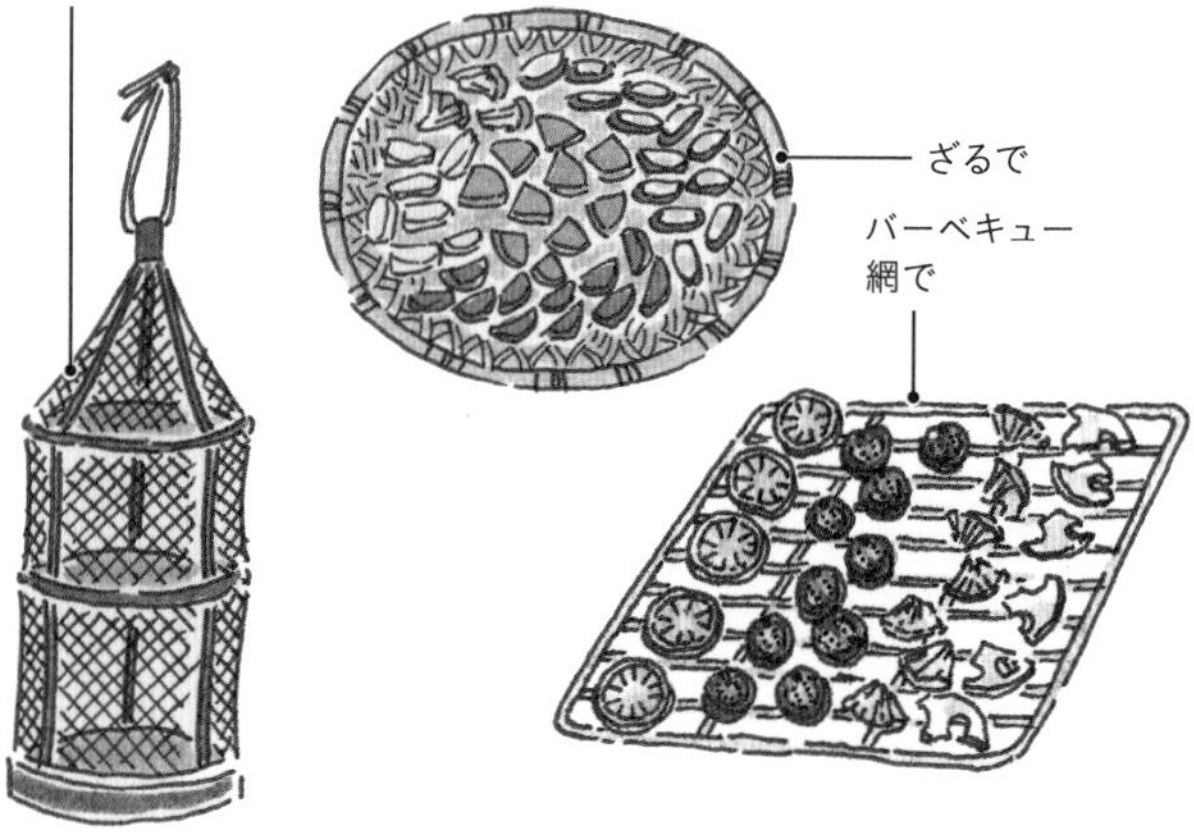

干し野菜が作れる道具は3種類

干し野菜を作るときに必要なのは、野菜を並べておく網などの道具。水分が下に溜まってしまうとかびる原因にもなるので、表側だけでなく、裏側にも風を通す必要があります。干し野菜専用のネットがあれば便利ですが、アウトドアで使う食器を干しておくネットでも構いません。バーベキュー用の網やざるでも作ることができます。

ただし、干しているうちに野菜が縮まっていくので、網目が広いものだと隙間から落ちてしまうので注意。

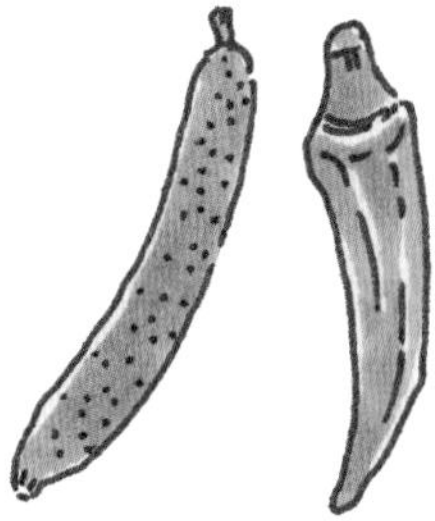

お漬物に

きゅうりや大根を薄切りにして干し、ドライになったところで漬け汁に浸すと、即席のお漬物ができあがる。オクラもおすすめ。

スープに

にんじんや玉ねぎ、トマトなどもさっと干してからスープにすると、旨みがスープに溶け出して、いつもよりも深い味わいに。

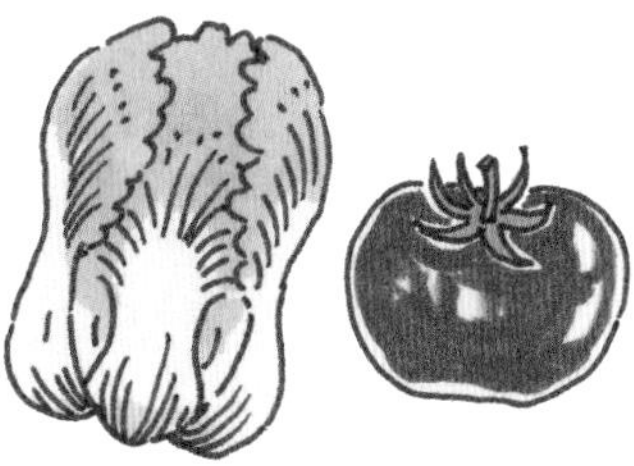

炒め物に

白菜やズッキーニ、トマトも水分が飛ぶと味が馴染みやすくなる。葉物は一枚一枚剥がして干そう。

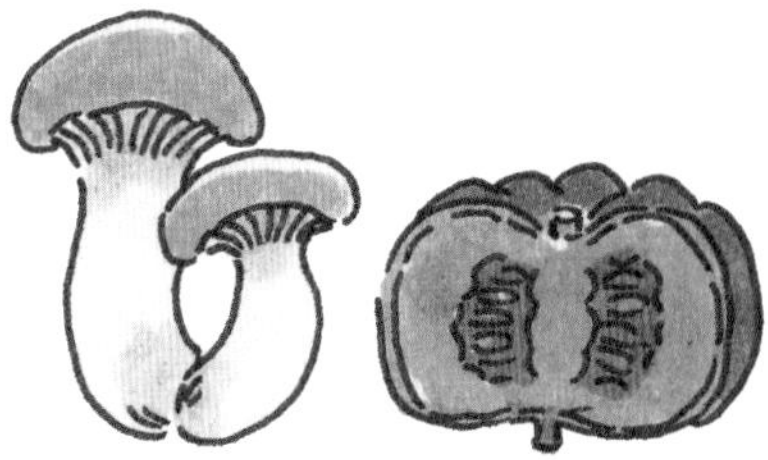

煮物に

さつまいもやかぼちゃ、レンコンなどの根菜は甘みが出ておいしくなり、きのこ類は旨みが増す。炒め煮のようにするのがおすすめ。

干すのに向いているのは水分が少ない野菜

はじめて干し野菜にチャレンジするなら、水分が少ないものからはじめると失敗がありません。きのこ類やにんじん、かぼちゃ、白菜などは比較的早くできあがります。

干すときは、アリなどの虫が野菜に上がってこないように気をつけるか、網目の細かいネットをかぶせましょう。

保存するときはシリカゲルがあるとよし

できあがった干し野菜は、完全に乾いていないとかびてしまいます。しっとりしているものは冷蔵庫で保存し、早めに食べましょう。しっかり乾燥したものはシリカゲルと一緒に保存袋にいれて密封しておきます。

PART1 food 019

新感覚フルーツBBQを優雅に楽しむ

#おやつ #こだわりレシピ #焚き火・炭火レシピ #あったかレシピ

焼くだけでおいしくジューシー

焚き火を使っていろんな果物を焼いてみよう。
ちょっと焦げたところもこんがりおいしい！

とろーりおいしい

焼きバナナ

バナナの皮に一か所切り込みを入れて焼く。バナナに火が通り、とろとろになったらできあがり。

ジューシーな甘み

グリルドピーチ

桃を半分に切ってタネを取り、タネのところにバターを入れてシナモンを振る。皮を下にして網にのせて加熱し、中まで柔らかくなったらできあがり。

定番スイーツ

丸ごと焼きりんご

芯をくり抜いてバターとシナモンスティックを詰め、アルミホイルに包んで焼く。

果物は焼くだけで甘さが倍増する！

果物は、ほとんどのものが加熱することで甘くなります。お肉や野菜を焼く際に、果物もぜひ焼いてみましょう。ぶどうやオレンジは、お肉と交互に串刺しにしてバーベキューソースでいただくのがおすすめ。甘さとしょっぱさのバランスがたまりません。みかんやバナナは皮つきのまま網の上へ。皮に焼き色がついたら食べごろです。

また、果物にはお肉を柔らかくする効果もあるので、パイナップルやりんごをお肉と一緒に調味料に漬けておいて焼くのも◎。

温かい果物は、紅茶や赤ワインに入れてもおいしくいただけます。果物を炙りながら焚き火を囲んだり、パンケーキにのせて朝ごはんにしたり、いろいろな楽しみ方がありますよ。

グリルドマンゴーのホットサンド

焼き色のついたマンゴーととろけるチーズをホットサンドに。

見た目もオシャレ！

パインステーキ

ステーキと一緒に缶詰のパイナップルを焼いて。温かいと甘酸っぱさが際立つ。

香りとコクがアップ！

オレンジポークグリル

豚肉のブロックとオレンジを一緒に煮込む。プルーンやあんずなどでもおいしい。

PART1
food
020

#おやつ　#おつまみ　#焚き火・炭火レシピ

マシュマロスイーツ「スモア」を極める

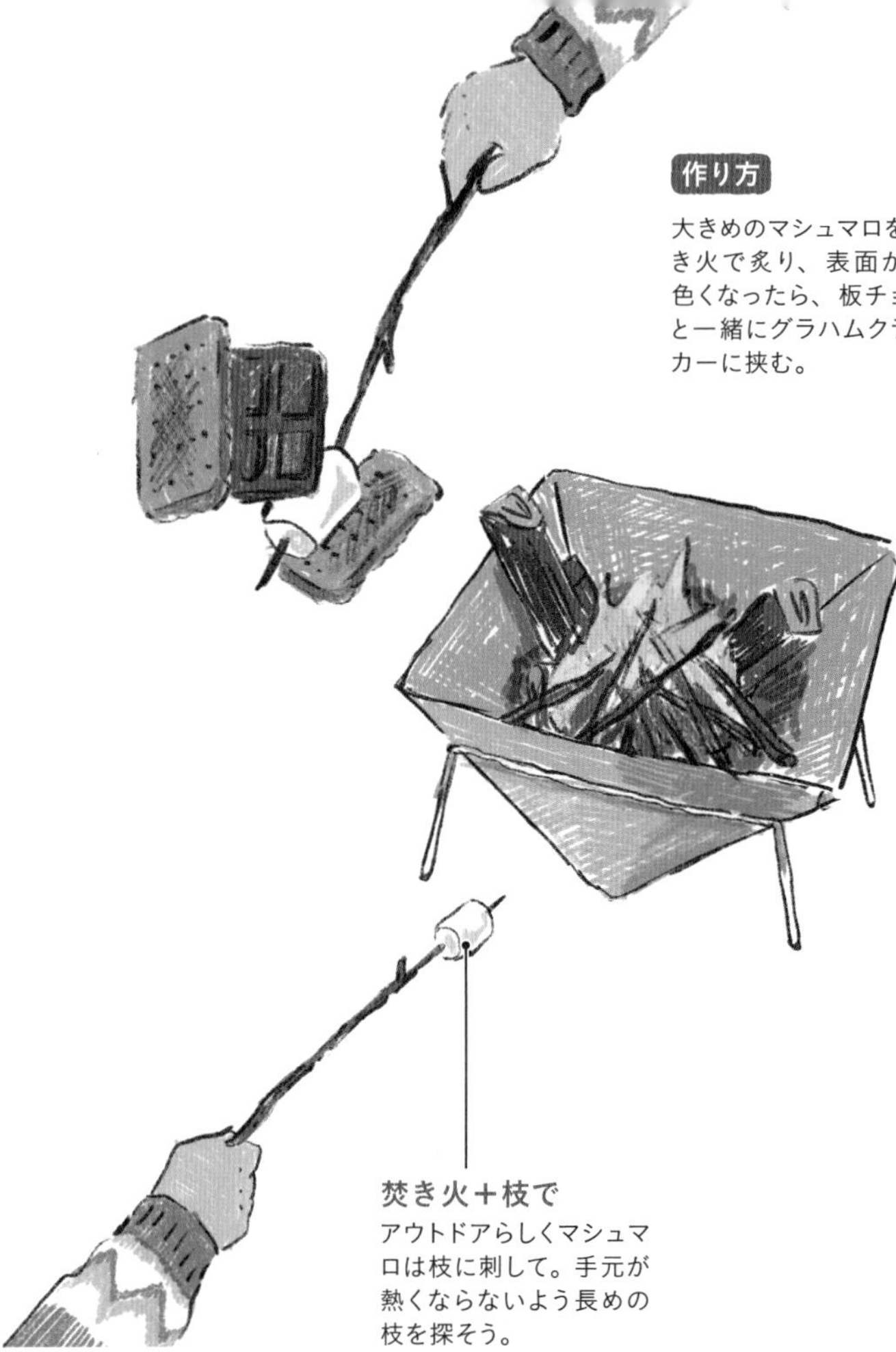

作り方

大きめのマシュマロを焚き火で炙り、表面が茶色くなったら、板チョコと一緒にグラハムクラッカーに挟む。

焚き火＋枝で

アウトドアらしくマシュマロは枝に刺して。手元が熱くならないよう長めの枝を探そう。

もっともっと！と言いたくなる味

キャンプスイーツといえば焚き火を囲みながらマシュマロを焼き、チョコレートとともにグラハムクラッカーで挟んだスモアが定番。「ｓｏｍｅｍｏｒｅ！（もっとちょうだい！）」からスモアという名前がついたくらい、とろっと焼けたマシュマロは格別のおいしさ。普通のマシュマロとは別モノなので、苦手という人でもぜひ一度試してみてください！　表面は、カラメルのようにこんがりと茶色く焦がすのがオススメです。

スモアアレンジいろいろ

❶ 挟むものを変える

ブラックビスケットで
ほろ苦いビスケットなら甘すぎない。コーヒーのおともにぴったりのビターな味わい。

しょっぱいクラッカーで
塩気と甘みのバランスがちょうどよい大人の味。お好みでこしょうをパラリと。

チョコビスケットで
おいしいだけじゃなくチョコを挟む手間がはぶけて一石二鳥。

❷ おつまみにする

柿の種スモア
スキレットでマシュマロを溶かし、そこに柿の種を入れる。柿の種チョコのような甘辛味がくせになる！

チーズと串刺し
カマンベールチーズとマシュマロを交互に串に刺して炙る。どちらもとろっとしたら食べごろ。

ベーコンで巻く
マシュマロをベーコンで巻いてから串刺しにして炙る。甘じょっぱさがたまらない！

❸ あったかドリンクに

ラム酒スモアティー
紅茶を牛乳で煮出してミルクティーを作り、ラム酒と焼けたマシュマロを。

コーヒースモア
ホットコーヒーに焼けたマシュマロをイン！やさしい甘さのドリンクに。

PART1 food

021

焚き火で炙る絶品おつまみを楽しむ

#おつまみ #ラクチンレシピ #焚き火・炭火レシピ

焚き火を囲むと思わず炙りたくなる！

キャンプの醍醐味はやっぱり焚き火。お酒が手元にあるならおつまみを炙るのが最高です。焚き火で炙ったおつまみは温かいだけでなく、スモーキーな香りがついておいしいのです。そして、串をくるくる回しながら、炙り加減を確かめる作業がなんとも楽しい！

ただし焦げやすいので、炙るものは生でも食べられるものや、さっと火が通るものがオススメ。手元が熱くならないように長い串を用意し、炙りつまみを楽しみましょう。

絶品！お酒がすすむ炙りつまみ

残った食材やおつまみを炙るのも手軽でよいですが、ちょっと凝りたいならこんなものを用意して。

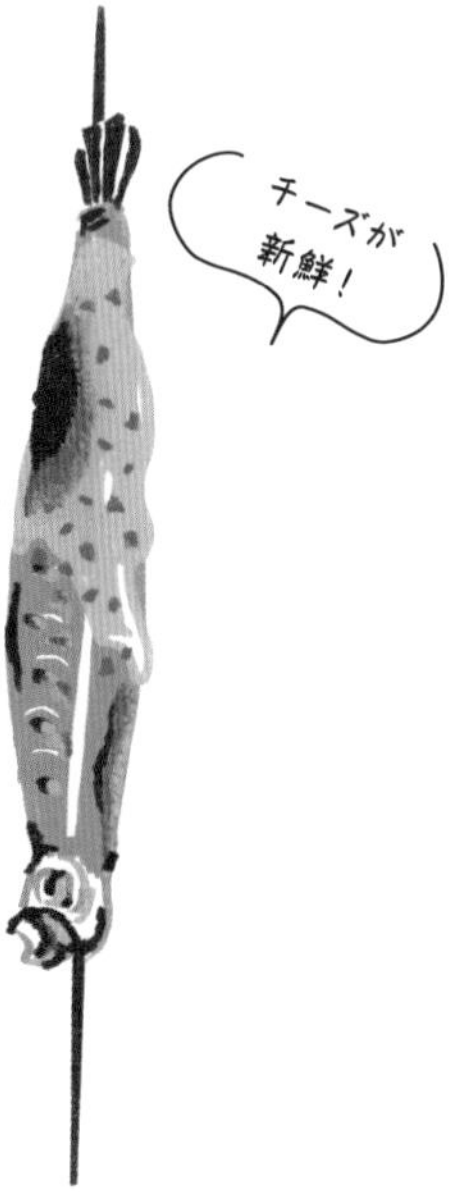

ししゃもチーズ

ししゃも（またはこまいなどの干物でも◎）を炙り、粉チーズと青のりを振る。

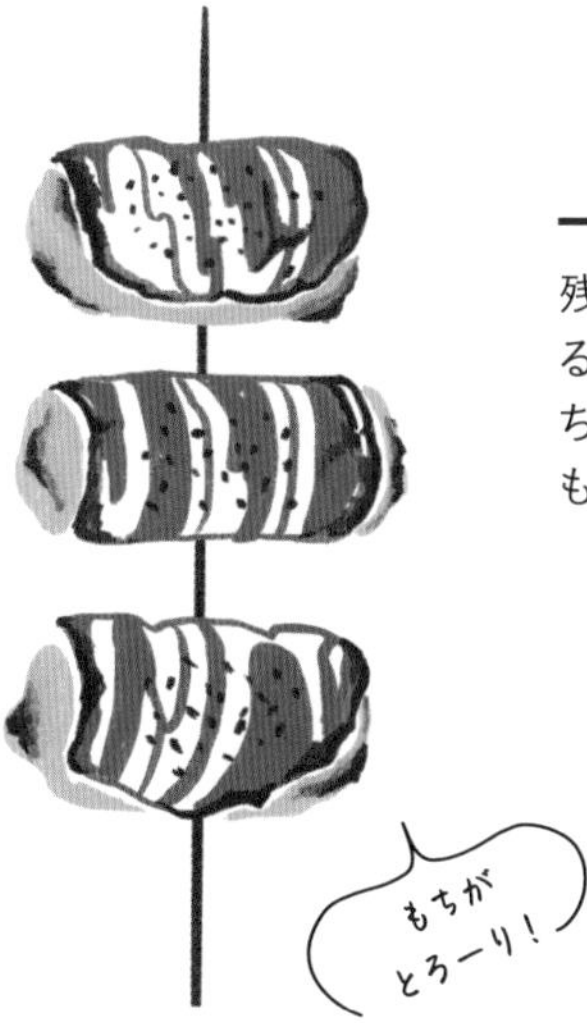

餅ベーコン

切り餅を4等分にしてベーコンを巻き、黒胡椒を振って炙る。

ガッツリ食べたい炙りつまみ

お腹が空いていては眠れない！そんなあなたにオススメなのは、パンやごはんを使ったガッツリつまみ。

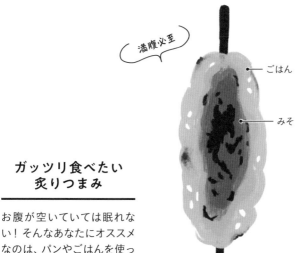

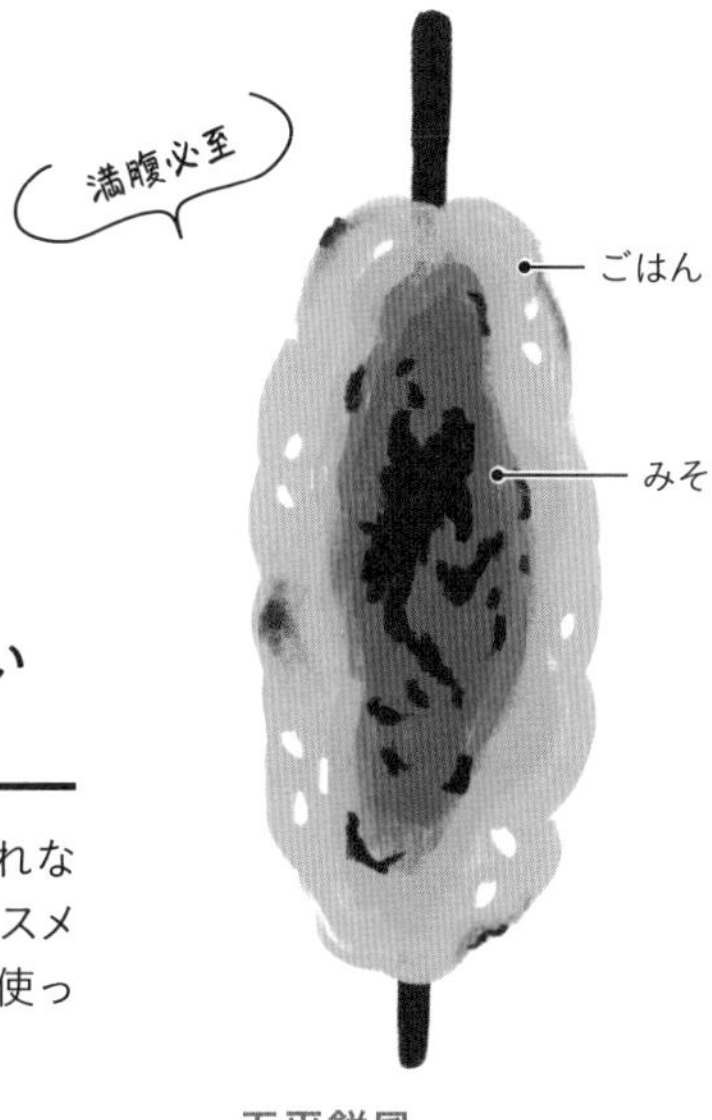

五平餅風

濡れた手でごはんを握り、太めの棒にくっつけてから味噌を塗って炙る。おこげになるくらい炙るのが◎。

ベーコンエピ

ベーコンが折り込まれた定番パン。炙るとサクサク感がアップ！黒こしょうやマスタードをつけてもおいしい。

PART1 food 022

#ドリンク #こだわりレシピ #焚き火・炭火レシピ

コーヒー豆を自分好みに焙煎する

ロースター
焚き火で使うときは持ち手が長いものにし、火傷に注意しよう。軍手や耐熱手袋も用意したい。
生豆を選っておく
生豆は虫食いや傷、割れもあるので、不要な豆をはじいておくと、よりおいしいコーヒーになる。
均一に炒る
火から離してロースターを左右に振りながら、豆全体に均一に熱をあてる。

直火でよりいっそう豊かな香りに

キャンプで挽きたてのコーヒーを飲むのが至福の時間！ という方にぜひ試していただきたいのが、自家焙煎。生豆を焚き火で好みの味に焙煎すれば、コーヒータイムのしあわせが倍増します。シェラカップなどでもできますが、網目から不要になった豆の皮を落とすことができるので、ロースターのほうがオススメです。最初は自分好みにできないかもしれませんが、徐々にコツをつかんで実験のように焙煎具合を極めていく過程を楽しんで。

浅煎り 焙煎時間7～9分くらい	中煎り 焙煎時間10～11分くらい	深煎り 焙煎時間12～13分くらい
やわらかな口当たりで酸味が強く、香りはフルーティー。	マイルドで苦味と酸味のバランスがよい。ラテにも。	深いコクと苦味があり、ビターチョコレートのよう。
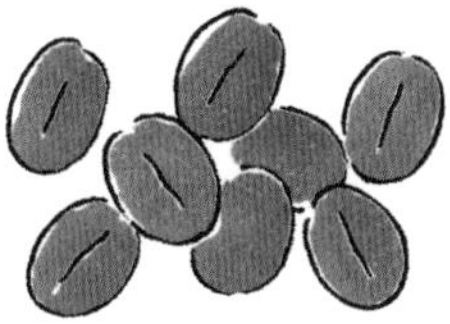	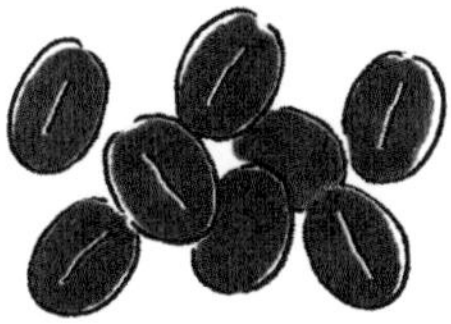	

煎り時間を変えれば ひとつの豆で何通りにも

同じ豆でも煎り時間によって味や香りが変わります。焙煎時間が長いほど苦味は増しますが、カフェインは高熱に弱いので、浅煎りのほうが多くなります。シャキッと起きていたい日中は浅煎り、夜の深い時間はじっくりローストしたものと、飲みわけるのもよいでしょう。

外は焦げているけど中は生焼けだったという失敗が起きやすいので、できるだけ遠火でゆっくりと温めるのがコツです。特に浅煎りは加熱時間が少ないぶんムラになりやすいので、はじめは深煎りにするのがオススメです。

また、ロースターはコーヒーだけでなく、銀杏やナッツを煎ることもできるので、おつまみ作りにも役立ちます。

焙煎のコツ

❶ はぜる音に耳を澄ます

焙煎時間の目安はパチパチという豆が「はぜる」音。はじめに聞こえたときを1ハゼといい、その音が収まる前に引き上げるのが浅煎り。2回目のハゼ「2ハゼ」が収まる前に引き上げるのが中煎り。

❷ 目と鼻でチェック

焙煎終了の合図は豆の色の濃さと香り。深煎りになっていくと、豆の表面に油が染み出してくるので、艶もチェックすること。

❸ 豆は十分に冷ます

焙煎が終わったら、うちわなどであおいでできるだけ早く冷やすこと。熱いままだと焙煎が進み、香りも逃げてしまうので要注意。

PART1 food 023

北欧スタイル煮出しコーヒーを楽しむ

#ドリンク #こだわりレシピ #ワイルドレシピ #あったかレシピ #北欧スタイル

ククサがかわいい
ラップランドのサーミ人につたわる伝統的なカップ。白樺のこぶを掘って作る。ひとつひとつ木目が違って趣があり、使い込むほどに味が出る。ククサで飲むと北欧気分がより味わえる。

直火ＯＫのやかん
焚き火で煮出すときは、火が当たっても大丈夫なよう、持ち手の部分の素材にも気をつけたい。煮出した後にかき混ぜるので、口が広いとなおよし。

外で飲む人たちに愛されてきたコーヒー

1960年代にドリップする方法が編み出されるまで、スウェーデンでは「Ｋｏｋｋａｆｆｅ」と呼ばれる煮出しコーヒーが一般的でした。野外で仕事をする人たちが飲んでいたことからフィールドコーヒーともいいます。

ドリップコーヒーとは一味違う野趣あふれる味わいは、キャンプで飲むのにぴったり。専用のやかんやカップを使えば、道具を育てる楽しさもあります。さまざまな淹れ方があるので、いろんな方法を試してみてください。

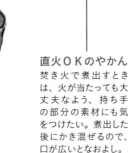

自分好みの淹れ方を見つけよう

煮出しコーヒーの基本的な淹れ方は、次の通りです。最初はこの方法で淹れてみて、好みの味かどうか試してみましょう。

❶やかんでお湯を沸騰させ、火を止めたら粉を入れる（水240㎖に対して粉20gくらい）。

❷ふたたび火にかけ、沸騰直前で火から下ろす。

❸蓋をして5分ほど待つ。

❹粉が入らないようにカップに注ぐ。

この方法で淹れたコーヒーはフィルターで抽出したものより苦味が強くて濃く、コーヒーに含まれる油分が多く抽出されるため、まったりとしたコクと、コーヒー本来のダイレクトな香りや味が楽しめます。

ほかにも、粉を入れて沸騰させないよう煮込む、抽出の時間を長くする、最後に水を一杯入れて温度差で対流を起こして抽出するなど、さまざまな方法があります。隠し味に塩をひとつまみ入れると、塩の効果で苦味や酸味がまろやかになります。

ただ、強火でグツグツ煮たり、時間をかけすぎてしまうと香りが飛んで、苦いだけのコーヒーになってしまうこともあるので、煮出しすぎには注意が必要です。

また、煮出したあとにフィルターや茶こしで濾すと油分が減るので、あっさりした味に仕上がります。濾さない場合はカップに粉が入らないようゆっくりと流し入れ、最後まで注ぎ切らないようにしましょう。

ワイルドな煮出しコーヒーは、慣れると、これでなくてはと思うほどクセになる味です。

遠心力で沈ませる

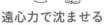

やかんを振り子のようにゆっくり振って、粉を沈ませるやり方もある。粉がすべて底に沈んだらそっとコーヒーを注ぐ。

二番煎じ、三番煎じを楽しむ

やかんに残った粉にふたたび水を淹れて沸かし、二番煎じを飲む。最初のものより強さは減るが、飲みやすいやわらかな味に。

PART1 food 024

スパイスで作るマサラチャイであったまる

#ドリンク #スパイス #こだわりレシピ #あったかレシピ

スパイシーに作る本格的な味

キャンプではコーヒーが定番ですが、たまには紅茶もいかがでしょうか？　紅茶にスパイスを入れて煮出したインドのミルクティー「マサラチャイ」は、スパイシーな香りと豊かなコクで、目覚めの一杯や遊び疲れたときの体力回復時に最適です。

手軽に使える専用のスパイスミックスも売っていますが、スパイスをそろえて自分好みに配合して。オリジナルスパイスを小袋に入れてキャンプ仲間にプレゼントするのも楽しいです。

スパイスを砕くところから作ってみよう

チャイに入れるスパイスは、シナモンスティック、スターアニス、カルダモン、クローブの4種類がおすすめ。すべてホールスパイスでそろえて保存袋に入れ、石や麺棒で叩いて少しだけ砕きます。スパイスをそのまま煮出すより、潰れていたほうが香りと旨みが出るのです。シナモンスティックは半分に折っておきましょう。

マサラチャイの作り方

材料（2杯分）

シナモンスティック…1本
スターアニス…2個
カルダモン…2粒
クローブ…3粒
生姜スライス…2枚
紅茶葉…5g　（またはティーバック1個）
水…200ml
牛乳…200ml
砂糖…大さじ1/2～

作り方

1. 片手鍋に、砕いたスパイスと生姜スライス、茶葉、水を入れて沸騰させる。
2. 沸騰したら牛乳を加えてふたたび沸騰させ、5分ほど煮込む。
3. 火を止めて砂糖を混ぜ、茶こしで濾す。

PART1 food 025

ホットアルコール片手にゆるりと語らう

#ドリンク #こだわりレシピ #スパイス #あったかレシピ

心も身体もあったまる！会話の花咲くホットドリンク

キャンプの夜は意外と寒い……！そんな冷たいビールを飲むのがつらいときも、ホットアルコールなら、ポカポカ身体が温まります。

日本酒やワイン、ラム酒やブランデー以外に、世界ではビールを温めるのも一般的です。ただし、温めすぎるとアルコールが飛んでしまうので、沸騰直前で止めるのがコツ。温かいお酒をちびちびとやりながら、長い夜の時間を楽しみましょう。

優しい甘さがクセになる！

ホットミルク酒

材料（2人分）

日本酒…100ml
牛乳…200ml
砂糖…大さじ2
シナモンパウダー…お好みで

作り方

1. シェラカップに牛乳と砂糖を入れて加熱し、砂糖を溶かす。
2. ふつふつしてきたら日本酒を入れ、沸騰直前で火からおろす。
3. 好みでシナモンパウダーを振る。

スパイシーで
チョコレートに合う

ホットワイン

材料（2人分）

赤ワイン…200ml
はちみつ…大さじ2
クローブ…2粒
スターアニス…1個
シナモンスティック…2本
レモン（輪切り）…2枚

作り方

1 鍋に赤ワインとはちみつ、クローブ、スターアニス、シナモンスティックを入れて沸騰直前まで温める。

2 カップに注いでレモンを浮かべる。

バターのコクと
大人なラムの香り〜！

ホットバタードラム

材料（2人分）

水…120ml
砂糖…小さじ1
マイヤーズラム…45ml
バター…10g
シナモンスティック…2本

作り方

1 鍋に水を入れて沸騰させ、砂糖を溶かす。

2 火から下ろしてラムを入れ、カップに注いでバターを浮かべる。

3 シナモンスティックでかき混ぜながら飲む。

PART1 food 026

自分史上最高の焼きいもを作る

#おやつ #焚き火・炭火レシピ #あったかレシピ #石

燠火でじっくり
炭から少し離したところに、アルミホイルで包んだいもを入れる。様子を見ながら30～40分。濡らした新聞紙やキッチンペーパーを巻いてからホイルで巻くと、しっとり食感に。

石焼きで
鍋に石を敷き詰めた上に裸のままのいもを入れて蓋をして火にかける。1時間～1時間半ほどかかるがそのぶん甘みが強くなる。石は焼きいも専用のものか園芸用の玉砂利を。

お手軽でおいしいおやつにこだわる

火起こしすると食べたくなる焼きいも。せっかく作るならとことんこだわっておいしくしたい！　一番のポイントは、低温で水分を飛ばしながらじっくりと焼くこと。こうすることで、甘みが引きだされます。途中で返しながらまんべんなく火を通すことも大切です。さつまいもの種類は、ホクホク系なら紅あずま、しっとり系なら安納芋やシルクスイートがオススメ。

太さや大きさによって加熱時間が変わるので、確かめながら焼きましょう。

PART1 food 027

一石二鳥 遊びながらアイスを作る

#おやつ #子どもと一緒に #ひんやりレシピ

塩の力で

氷に塩をかけると、氷が溶けるスピードが速くなり、まわりの熱を奪う速度も速まるので、氷点下にまで下がる。短時間でビールを冷やしたいときにも有効。

材料

牛乳…150ml
生クリーム…50ml
砂糖…50g
氷…適量
塩…約200g

道具

- 茶筒くらいの小さい空き缶
- 小さい空き缶が入る粉ミルクくらいの大きさの空き缶
（大きい缶と小さい缶の直径に3cm以上の差が必要）
- サランラップ
- 輪ゴム
- 布テープ
- 缶に巻くタオル

とにかく缶をけとばすだけ!!

小さな缶に牛乳や生クリーム、砂糖を入れたら、ラップとテープで中の液体がこぼれないようしっかりと固定します。氷と塩とともにそれを大きな缶に入れて蓋をすれば、アイスクリームメーカーのできあがり。タオルを巻いてサッカーのようにけり続ければ、氷が溶けてまわりの温度を下げ、牛乳や砂糖が混ざりながら冷えてアイスクリームになります。

ココアパウダーやナッツなどを入れてアレンジするのもオススメです。

PART1 food 028

お気に入りのポップコーンの味を探す

#おやつ #子どもと一緒に #アレンジレシピ

食べ比べしたい！どんな味がお好み?!

手作りポップコーンはフライパンの中でポンポンと弾ける様子がおもしろく、おやつやおつまみにぴったり。味付けアレンジも楽しめます。

作り方は簡単！ フライパンにサラダ油やバターをたっぷりひき、ポップコーンのタネを入れたら蓋をして、ひたすらゆすって加熱します。フライパンを振ってみてカラカラとタネの音がしなくなったらできあがり。ポップコーンが弾けるかもしれないので、注意しながら開けましょう。

ビールに
よく合う

チーズ味
粉チーズと塩をまぶす。

つい
食べすぎちゃう

スパイシー味
カレーパウダーと塩をまぶす。

カリカリで
スイート！

キャラメル味
マシュマロを加熱し、ポップコーンに絡める。

ジャンクさが
たまらない

コーンスープ味
コーンスープの素をまぶす。

優しくて
懐かしい甘さ

きなこ味
きなこと砂糖をまぶす。

お茶うけにも
よい味

昆布茶味
昆布茶パウダーをまぶす。

PART1 food 029

直火でバウムクーヘンを焼き上げる

#おやつ #子どもと一緒に #焚き火・炭火レシピ

ホットケーキミックスで作れるしあわせおやつ

普通は特殊なオーブンを使って焼き上げるバウムクーヘン。アウトドアなら直火を使って作れてしまいます。もともと木の棒に生地を巻き付けて焼いたのが始まりとされているので、より原始的な作り方に近いと言えるでしょう。焼き上がりまでは手間がかかりますが、きれいに年輪ができれば感動間違いなし!

生地に抹茶パウダーを入れればグリーンのきれいなバウムクーヘンに。外側をアイシングするのもオススメ。

作り方

1. 生地を巻きつけていく棒を用意する。棒の直径がバウムクーヘンの穴になるので、竹筒など太さがあるものを選ぶ。
2. 火が当たる中心部分にアルミホイルを巻き、そこにホットケーキミックスで作った生地を垂らす。
3. 余分な生地を落としてから、焚き火や炭火にかざしてくるくる回しながら焼く。
4. 生地に焼き色がついたら、また生地を塗って焼く。
5. 少しずつ太くしていって、できあがりの太さになったらそのまま粗熱を取り、棒から外す。

PART1 food 030

絵本のようなふわふわカステラを焼く

#おやつ　#ダッチオーブン　#子どもと一緒に

ふんわりおいしそう！絵本のようなカステラ

アウトドアおやつとしてオススメしたいのが、このカステラです。たまごや牛乳、砂糖といったシンプルな材料だけで作るカステラは、どこか懐かしさを感じる味。やさしい食感で、いろんな人におすそわけしちゃいたくなります。

ふっくらと仕上げるコツは、しっかりツノが立つまでメレンゲを泡立てることと、弱火でじっくり焼くこと。ひとつひとつの工程を丁寧に行うことで、柔らかいカステラになります。

ふわふわカステラの作り方

材料（直径22cm　1台分）

たまご…4個
塩…ひとつまみ
グラニュー糖…80g
薄力粉…120g
ベーキングパウダー…5g
牛乳…30g
サラダ油…20g

道具

- 直径22cmの蓋つき鍋
  （ストウブやダッチオーブンなど）
- 泡立て器
- ボウル
- ゴムベラ
- クッキングシート

作り方

1 たまごを卵黄と卵白に分けてボウルに入れる。

2 卵白に塩を入れて、しっかりツノが立つまで泡立て器で混ぜる。

3 卵黄にグラニュー糖を入れ、白っぽくなるまで泡立て器で混ぜる。

4 ゴムベラに持ち替えて、3にふるった薄力粉とベーキングパウダーを入れてさっくり混ぜ、牛乳、サラダ油も加えて混ぜる。

5 2のメレンゲを1/3だけ入れ、泡をつぶさないように天地を返しながら混ぜてしっかりなじませる。残りの2/3も加えて混ぜる。

6 鍋にクッキングシートを敷き、生地を流し入れる。トントンと鍋の底を打ちつけて空気を抜いたら蓋を閉め、弱火にかける。

7 25分たったら、竹串を刺して火が通っているか確認する。

8 焼けていたら生地をひっくり返し、表面を2～3分焼く。

PART1

food

031

風味豊かなフレッシュバターを作る

#子どもと一緒に　#アレンジレシピ　#手作り食材　#朝ごはん

ペットボトルに入れて振るだけ！
子どもと楽しく作れる。

作りたてのバターはふわっと柔らかくて甘い！

キャンプでは料理もアクティビティーのひとつとして楽しみたいですね。小さい子どもも参加できるのが、バター作りです。できたてのバターはまろやかで、ふわふわな食感。パンやじゃがいもなどにのせて食べれば、それだけでごちそうになります。

アレンジ食材を入れれば、さまざまな味のバターが楽しめます。お肉と合うハーブバターはステーキにのせて。お酒に合うレーズンバターやナッツバターも具材を加えるだけで作れます。

ふわふわバターの作り方

材料

生クリーム
（脂肪分40％以上のもの）
…1パック（200ml）
塩…2g

必要な道具

- 500mlのペットボトル（蓋つき）
- カッターナイフ

作り方

1. ペットボトルをよく洗って乾かし、生クリームと塩を入れる。
2. とにかくひたすら振る（5分くらい）。
3. 水分とバターに分離したらできあがり。
4. ペットボトルを打ちつけてバターを底に集め、中央からカッターナイフを入れてペットボトルを切り、バターを取り出す。

※分離した水分は栄養満点の乳清（ホエー）です。パンケーキを焼くときの水分代わりにしたり、牛乳やジュースなどに入れて飲みましょう。

入れるとおいしいアレンジ食材

ドライフルーツ

レーズンやオレンジピールなどを入れる。はちみつをかけて食べても。

ハーブ

ミントやセージ、タイム、パクチーなどをみじん切りにして入れる。

レモンの皮

レモンの皮をすり下ろして入れる。パンケーキやスコーンのおともに。

明太子

皮を取った明太子を入れる。食パンに塗ってトーストして。

ナッツ

ミックスナッツを砕いて入れる。カリカリ食感がおいしい。

PART

2

recreation

キャンプを遊びたおす

テントサイトの設営を終えたら何をしていますか？

のんびり過ごすのもいいですが、

キャンプでしかできないような遊びに

チャレンジしてみてはいかがでしょう？

四季折々の楽しみ方を提供してくれる

自然環境ならではの体験は、

忘れられない思い出になるはずです！

PART2 recreation 032

葉の形で樹木を見分ける

#自然観察 #植物 #子どもと一緒に

キャンプ場に落ちている いろんな葉っぱ

自然環境を活かした遊びは、キャンプならでは。木を観察したり、落ち葉で遊んだり……、草木に目を向けてみると、日常では味わえない学びがあるでしょう。まずは葉っぱを拾って、どんな木のものか調べてみましょう。本を使ってじっくり調べるのもよし、植物判別アプリでさっと調べるのもよしです。葉っぱをノートに貼り、キャンプ場別に樹木図鑑を作っても楽しいでしょう。葉っぱだけでなくどんぐりなど木の実を拾って標本にしても。

常緑樹 一年を通じて緑の葉がある。冬になって一気に落葉するのではなく少しずつ入れ替わる。

キンモクセイ
秋になると、香りのよいオレンジ色の花をつける。葉は、煮出すとお茶になる。

クスノキ
葉は硬くて艶がある。ブルーベリーのような小さな黒い実がなる。

スギ
油分をたくさん含んでいて燃えやすいので、火起こしのときにも使える。

落葉樹 秋を過ぎるとすべての葉が落ち、春になると新芽が出てくる。紅葉するさまが楽しめる。

サクラ
若葉は塩漬けにしておくと、料理に使える。美しいが春はけむしも多いので注意。

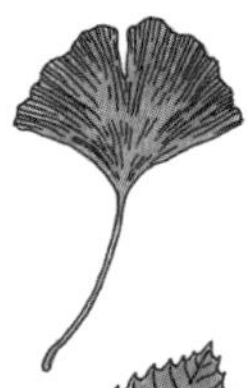

イチョウ
葉は料理のあしらいにしてもよし、乾燥させると防虫剤にもなる。

ブナ
木は衝撃に強く、家具の木材としても使われる。実は加熱すると食べられる。

コナラ
どんぐりがなる。春になると枝から垂れ下がった尾状の花が咲く。

葉っぱで遊ぼう

❶ アート作品を作る

いろんな形や色の葉っぱを集めて、画用紙に貼っていこう。動物や風景を形づくっても。葉っぱに糸を通してガーランドにしてもかわいい。

❷ 葉っぱスクリーン

葉っぱの上にコピー用紙を置き、色鉛筆で葉っぱをこすると葉脈や葉の形が浮き上がる。色鉛筆を斜めに傾けてそっとこするのがコツ。

❸ たたき染め

布の上に葉っぱを置いたら、その上にクリアファイルをのせて石で葉っぱを叩く。葉の色と形が布に映し出される。できる葉とできない葉があるので試してみよう。

さえずりバードウォッチングを楽しむ

#自然観察 #鳥 #子どもと一緒に

山・森で見かける鳥

山や森にいる鳥は、好きな木が決まっているので、エサにしている実や木の種類から探すこともできる。

オオルリ（ヒタキ科）
森や渓谷沿いで見かけることができる夏鳥。オスの背中がきれいな瑠璃色をしているところからこの名前になった。

エナガ（エナガ科）
ブナやカラマツの林に住み、虫やクモを食べる。樹液を飲むこともある。小さな身体に長くて美しい尾がある。

キバシリ（キバシリ科）
山のコメツガやオオシラビソなど針葉樹林に住んでいる。木を螺旋状に歩いてのぼるので「木走」という名前に。

まずは耳を澄ますというところから

キャンプ場で寝泊りすると、さまざまな鳥の声を耳にします。でも、姿は見えないし、いったいどんな鳥なのかわからない……。そんなときはよくよく耳を傾けて、鳴き声の特徴をつかんでみましょう。春先は恋の季節なので、特にたくさんの鳴き声を聞くことができます。キャンプ場近くで見られる鳥は、ここで紹介した以外にもたくさんいます。鳥の鳴き声を集めたウェブサイトやアプリもあるので、そういったもので確かめるのもよいでしょう。

また、鳥の姿を確認したいなら持っておきたいのはズーム倍率が8倍ほどの双眼鏡。動きが追いやすく、視野が広いので、初心者にオススメです。スポーツ観戦用のでも充分楽しむことができます。

水辺で見かける鳥

エサを取りに来たり、水に浮かんで休む様子が観察でき、森にいる鳥より見かけるチャンスが多い。

ハクセキレイ（セキレイ科）
川岸や田んぼ、海岸などにも住んでいる。虫をつかまえて食べる。尾を上下に振っているのがセキレイ科の特徴。

ヤマセミ（カワセミ科）
渓流や湖に住んでいる。頭にある大きな冠羽が目立つ。水中に飛び込んで魚をつかまえ、丸飲みにする。

アオサギ（サギ科）
田んぼや湿地、干潟などに住む。水中を歩いてカニや魚を探して取る。アオサギという名前だが身体は灰色。

PART2
recreation
034

最強の癒し森林浴を極める

#自然観察 #植物 #リラックス

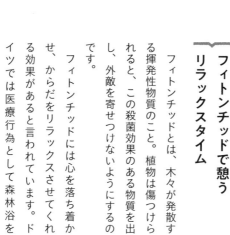

フィトンチッドで憩うリラックスタイム

フィトンチッドとは、木々が発散する揮発性物質のこと。植物は傷つけられると、この殺菌効果のある物質を出し、外敵を寄せつけないようにするのです。

フィトンチッドには心を落ち着かせ、からだをリラックスさせてくれる効果があると言われています。ドイツでは医療行為として森林浴を用いることもあり、アメリカでは「ｓｈｉｎｒｉｎｙｏｋｕ」という言葉がブームになっています。

五感がひらく マインドフルネス

森林浴の楽しみ方はとっても簡単。森や林、植物園や広い公園に、椅子や小さなテーブルを置いたり、レジャーシートを敷いたりして、リラックスできる格好で過ごしましょう。

五感を研ぎ澄ませて、あたりの音や香り、光に意識を向けてみてください。鳥の鳴き声、風の音、緑のにおい、太陽が雲から出たり入ったりする様子など、小さなことにしあわせを感じられるかもしれません。鼻から時間をかけてゆっくりと大きく息を吸い、また鼻から静かに息を吐いて深呼吸しましょう。からだのなかに、フィトンチッドを取りこむようなつもりで。

リラックスして眠たくなったらごろごろしてもよし、あたりを散策してみるのもよしです。

森林浴をもっと楽しむ

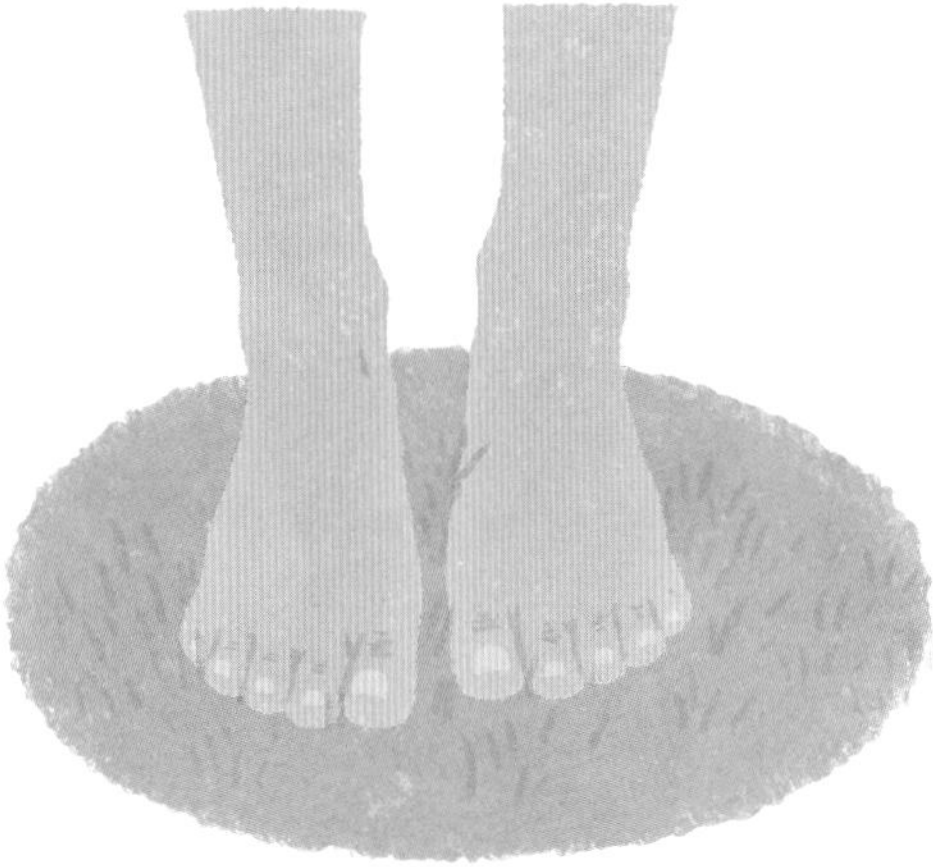

裸足になってみる

芝生や土を裸足で踏んで、足の裏に大地を感じて。普段は靴で守られている足が敏感に自然を感じとり、ツボも刺激されて一石二鳥。

寝そべってみる

雲の流れる様子に感動したり、ざわざわと鳴る木々の音に安心したり。背中をつたって、大きな地球に包まれているのを感じられる。

石はかく語りき 石から大地の歴史を読む

#自然観察　#石　#子どもと一緒に

河原で拾った石で標本を作ろう

キャンプ場になにげなく落ちている石ころも、拾ってよくよく見てみると、奥深い発見ができます。特に水のきれいな河原には美しい石ころがたくさんあり、観察にはもってこい。まずは色や形が気に入ったものを拾ってみましょう。お気に入りの石をコレクションするだけでも楽しいですが、模様やかたち、質感などから石の種類を調べてみたり、地質や地形を推察したり、知識を深めていけば、キャンプ場の自然をより楽しむことができます。

石の種類

石のもととなる岩石には、「火成岩」「変成岩」「堆石岩」の3種類があります。拾う場所やどのように作られたかで、それぞれの中でも細かく分類されます。

花こう岩
火成岩の中では一般的なものでよく見つかる。御影石とも呼ばれる。

火成岩

マグマが冷えて固まったもの。噴火して地表ですぐ固まったものや、地中で長い時間かけて固まったものなどがある。

泥岩
海底などに堆積した泥が岩石になったもの。有機物を含むことも多い。

堆積岩

地殻変動やプレートの浮き沈みで強い圧力や高熱が加わり、火成岩や変成岩が変化したもの。日本のいたるところで見つけられる。

結晶片岩
低温の広域変成帯にあることが多い。片理という縞模様が見られる。

変成岩

川の流れによって運ばれた砂や岩の破片が積み重なってできたもの。砂や泥が固まってできたものもある。

持っていくと便利なもの

石拾いをするときは、石を入れる保存袋のほかに、わかったことを書くノートや、収集場所を記すラベルなども持っていきましょう。地形図があると、崖や谷の存在や、上流下流の位置、川の流れ方なども確認できます。ルーペやハンマーがあれば、石の小さな結晶を見ることができたり、石の割れ口を調べることもできるでしょう。手を切ってしまわないよう軍手も忘れずに。

　収集した石は、種類を調べてみます。同じ川沿いでも、川同士がぶつかる合流点では石の出所が違うので、石の色や手触りも違います。

　国立公園など、岩石の収集をしてはならない場所もありますから、そのときは写真に撮るだけにして持ち帰らないよう注意しましょう。

PART2 recreation 036

水切りマスターになる

#水辺の遊び　#石　#子どもと一緒に

思わず夢中に！何回飛ぶか競いたい

子どものころ練習した人も多いであろう、水切り。ひさしぶりにやってみるとなかなか奥深く、時がたつのを忘れてしまう遊びです。大切なのは「適した石を探すこと」と「握り方」。また、ヒュッと勢いよく飛ばしているように見えて、実はスピードはあまり出さないほうがうまくいきます。川で行う場合は川下に向かって投げると、石にかかる水の抵抗が少なく、そのぶん飛びやすくなります。投げるときはまわりに人がいないか十分注意して。

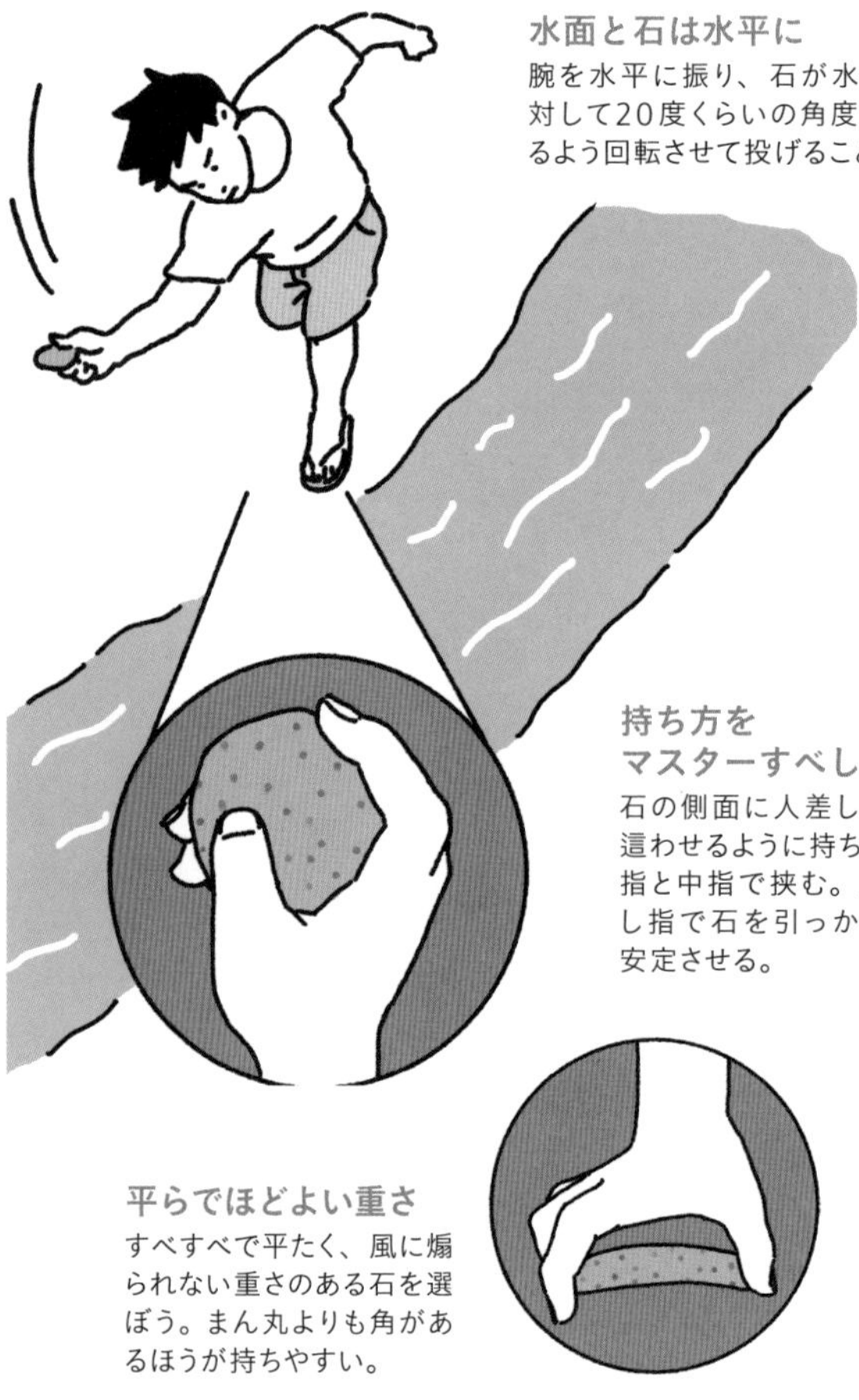

水面と石は水平に
腕を水平に振り、石が水面に対して20度くらいの角度で入るよう回転させて投げること。

持ち方をマスターすべし
石の側面に人差し指を這わせるように持ち、親指と中指で挟む。人差し指で石を引っかけて安定させる。

平らでほどよい重さ
すべすべで平たく、風に煽られない重さのある石を選ぼう。まん丸よりも角があるほうが持ちやすい。

PART2 recreation 037

ロックバランシングで水辺の芸術家になる

#水辺の遊び #石 #子どもと一緒に

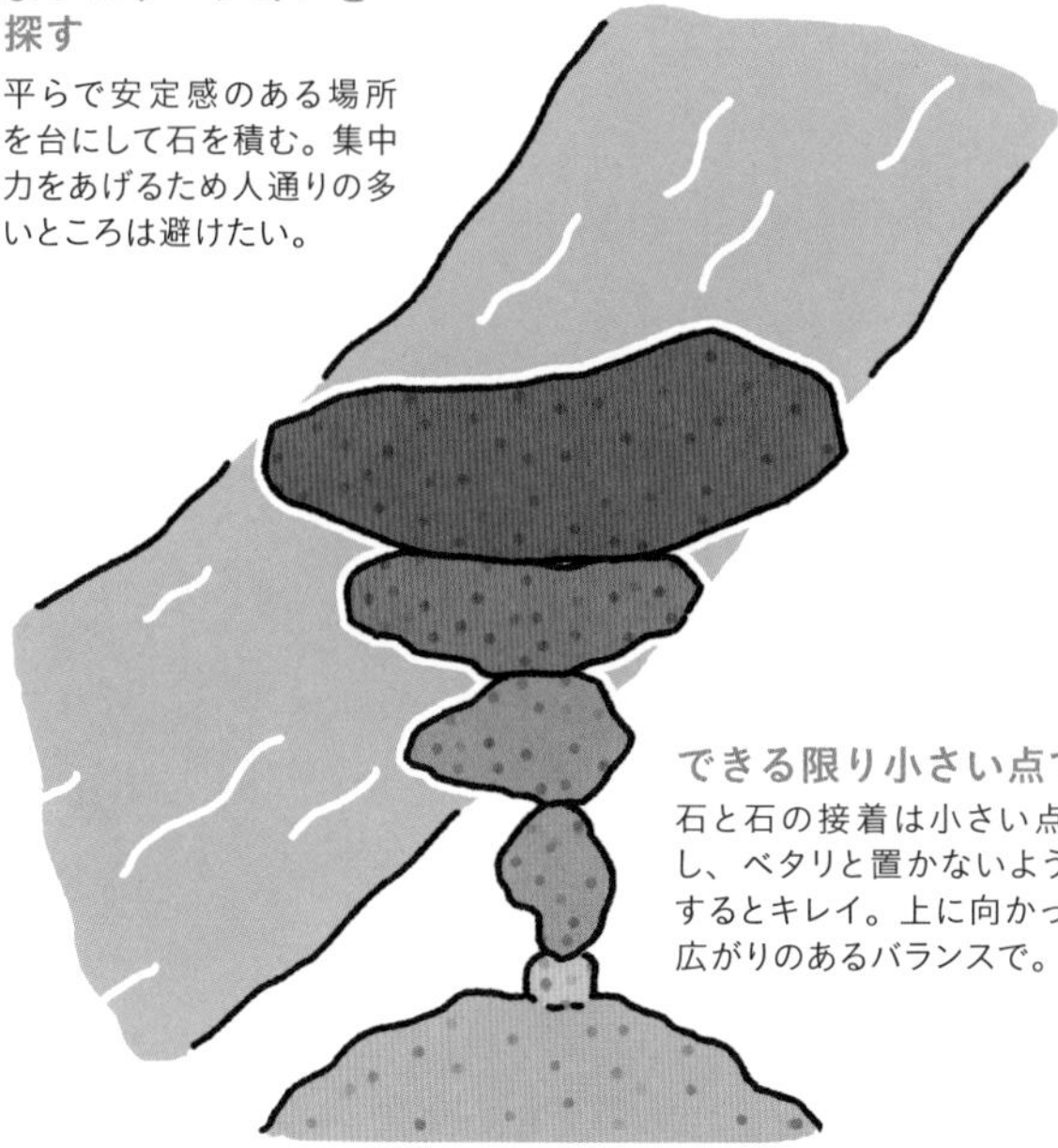

よいロケーションを探す
平らで安定感のある場所を台にして石を積む。集中力をあげるため人通りの多いところは避けたい。

できる限り小さい点で
石と石の接着は小さい点にし、ベタリと置かないようにするとキレイ。上に向かって広がりのあるバランスで。

コレ！といった石を探す
平らな面があるから積みやすいわけでもない。置きながら石が自立しそうなポイントを探ってみよう。

積み上げた形がアート作品になる

石をひたすら積み上げて高くしていくロックバランシングは、日本では「石花」とも呼ばれる美しい遊び。ただ石を積むだけとあなどるなかれ、自然に削られたさまざまな形の石が絶妙に積み上げられたさまは、まさにアート。いくつ積めるか競ってもよし、作品の人気投票してもよし、思い通りに積み上げるのは難しくて、ハマッてしまいますよ！ いろんな形や大きさの石を混ぜて積むと、芸術センスあるバランスのよい作品に仕上がります。

PART2 recreation 038

薪で自分だけのスプーンを作る

#DIY #カトラリー #ナイフ #ブッシュクラフト

彫刻刀やクラフトナイフで削る。
薪や拾った枝などで作る。

手作りスプーンで食事をより楽しく

薪をナイフや彫刻刀で削り、カトラリーを作ってみましょう。ただ掘っていくだけの単純な作業ですが、自然の中に身を委ね、風の音や鳥の鳴き声をBGMにじっくり取り組むと、憩いの時間にもなるでしょう。できあがった達成感もあいまって、アウトドアごはんがよりおいしく感じられます。やすりがけを丁寧にすると、なめらかで売っているもののような仕上がりになります。慣れてきたら、さまざまな形をデザインして掘ってみましょう。

必要な道具

- 軍手
- マジック
- ノコギリ
- クラフトナイフや彫刻刀
- 紙やすり
  #80・#120・#240・#400
- オリーブオイル（あればクルミ油）
- 布

作り方

❶ 切り出すのに適した薪を探す

スギやヒノキ、ホウノキなど彫りやすい木材を選ぶ。節があるものや歪んでいるものは避ける。クスノキやケヤキ、クヌギなどの枝でもできる。

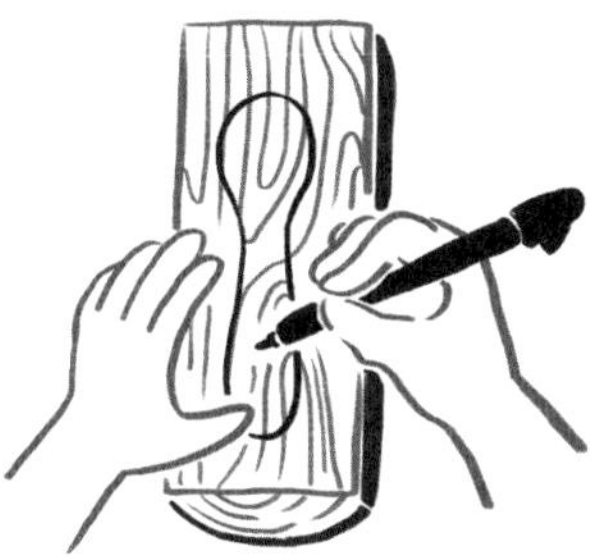

❷ アウトラインを取る

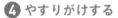

切り出したいスプーンの形を薪にマジックで描く。わからなくならないよう、太めに描いておくとよい。

❸ ノコギリで切り、ナイフで削る

アウトラインに沿ってノコギリでカットし、厚さ3cmくらいに切り出したら、ナイフや彫刻刀を使って形を整えていく。

❹ やすりがけする

数字の少ないほうが目が粗いので、80番から順番にやすりをかけ、つるつるになるまで磨く。

❺ オイル仕上げ

布にオリーブオイルを含ませ、まんべんなく塗る。クルミの油のほうが馴染みがよく乾きやすい。

PART2 recreation 039

ペール缶でロケットストーブを作る

#DIY #ロケットストーブ #焚き火

ヒートライザー
排気管のこと。焚き口から高温の燃焼ガスが流れ込んで燃焼する。

断熱材
パーライトという人工の軽石を入れる。ストーブ内を高温に保ち、燃焼効率を上げてくれる。

本体
ペール缶や一斗缶などで作る。レンガや小さな缶を使ったミニストーブもできる。

焚き口
ここから薪をくべる。いっぱいになると空気が通らないので少しずつ入れよう。

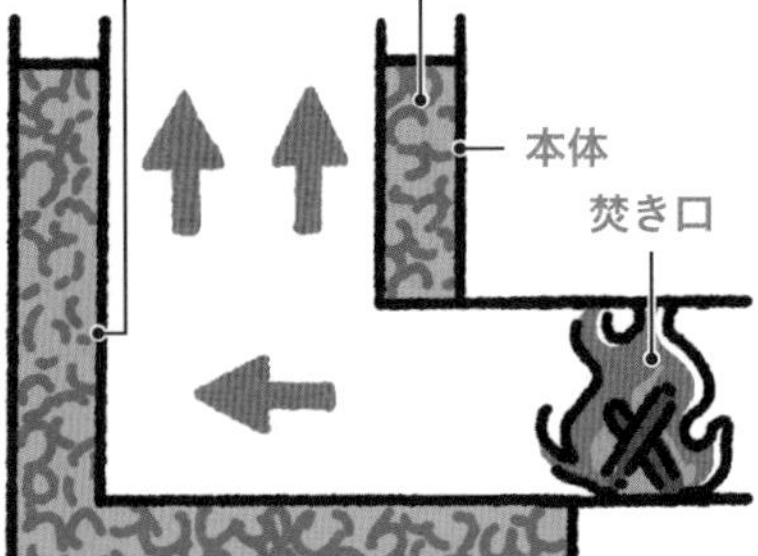

断面図
焚き口で燃えた薪が煙突の中で燃焼ガスと上昇気流を発生させる。燃焼ガスが再燃焼し、少ない薪でも強い火力が実現できる。

災害時対策としても覚えておきたい

少ない燃料で燃焼させられるロケットストーブは、調理用にも暖房としても使うことができる優れもの。自作できる手軽さと、燃料が従来のストーブよりも少なく、電気やガスも使わないことから災害時対策としても注目を集めています。燃料を燃やしたときに発生する燃焼ガスを二次燃焼させる仕組みで、このときにゴーッという音がすることから、ロケットストーブと名づけられたのだとか。

シンプルな構造なので、原理さえ理解していれば、素材は身近なものに置き換えても。火力が強いのに、着火が簡単で火が安定しやすいのも人気の理由。バーベキューのときも、ロケットストーブだと煙やススが少ないので、みんなで火を囲むことができますよ。

ロケットストーブの作り方

材料

直径30cmくらいのペール缶…1つ
直径10cmくらいの煙突直管…2つ
直管と同サイズのエビ曲90度管…1つ
パーライト…1袋

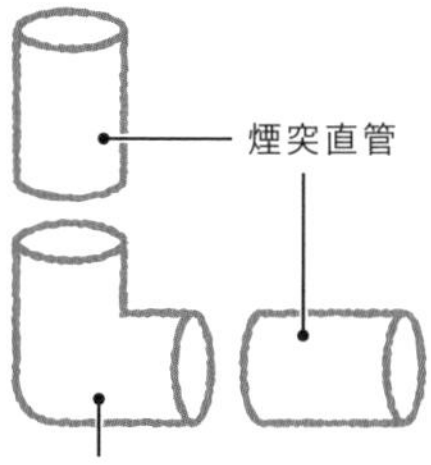

道具

- グローブ
- ドリル
- 金切りバサミ
- 金ノコ
- ニッパー
- ハンマー
- やすり

❶ ペール缶に穴をあける

ペール缶に煙突管の直径と同じサイズの穴をあける。まず、煙突管をペール缶の側面に合わせてマジックでなぞる。次に、なぞった線に沿ってドリルで穴を開け、穴と穴をニッパーで切ってつなげる。切り口はハンマーややすりでならしておく。

❷ 焚き口を取りつける

金切りバサミ（または金ノコ）で適当な長さに切った煙突管を、ペール缶の穴に差し込む。半分差し込んだら、上から90度管を入れて煙突管とつなぐ。パーライトを入れ、煙突管の下に詰める。パーライトなしでも作れるが、火力が弱くなる。

❸ ヒートライザーを作る

もうひとつの煙突管をペール缶の高さと同じ、または少し飛び出るくらいにカットし、ペール缶の上から差し込んで、❷の90度管とつなぎ合わせる。

❹ 断熱材を入れる

ヒートライザーの周りにパーライトを入れる。ペール缶の高さになるまでいっぱいにぎっしりと隙間なく詰める。砂利でも代用できる。

PART2 recreation 040

手作りバードコールで鳥とおしゃべりする

#DIY #自然観察 #鳥 #子どもと一緒に

木の枝
ナラやコナラなど広葉樹の硬い木で作ると音が鳴りやすくてオススメ。長さや大きさは好みでOK。

先のとがっていないネジ
ネジを回しやすいよう丸いネジがよい。そこにヒモをとおせばネックレスやストラップにも。

木に穴をあけるだけのシンプルさが◎

鳥笛とも呼ばれるバードコールは、鳥たちとお話できるツール。アウトドアショップや雑貨店でも見かけますが、木の枝とネジ、穴をあけるドリルがあれば作れちゃいます。

人差し指くらいのサイズに切った木の枝の中心にドリルで穴をあけ、ネジを差し込んでいきます。ネジを回すと簡単に音がでるようになりますよ。木の種類で音が変わるので、どんな鳥がくるか楽しみなところです。鳥の姿を観察できるよう望遠鏡もお忘れなく。

PART2 recreation

041

かんたん釣り竿で釣りをする

#DIY #魚 #水辺の遊び #子どもと一緒に

割り箸でできる！チョイ釣りが楽しい

釣りをしてみたいけど、道具をそろえるのはちょっと……という人は、釣り竿を自作してみましょう。割り箸や木の枝など身近なもので作れます。エサは川虫や小魚、イクラやおつまみのホタテ、アタリメ、魚肉ソーセージなどにおいがあるものがおすすめ。水の流れが少なく、川底が見えるくらいの場所で、オモリが川底につくように糸を垂らしたら、アタリが来るまでじっと待ちます。人影があると魚が逃げるので静かに待ちましょう。

ウキに軽いものを
枯れ枝や発泡スチロールなどをウキにする。糸をたらしたときに水面にぷかぷか浮かぶ重さのもの。

釣り用のテグス
割り箸にナイフで溝を作り、釣り糸を巻いてしばる。ミシン糸のように細くて切れやすいものはNG。

針
木の枝にやすりをかけてとがらせ、魚の口にかかるくらいの小さな突起を作っておく。魚の骨でも◎。

オモリをつける
石やクギなどをオモリにする。大きいものより小ぶりでしっかり重さがあるものを選びたい。

PART2 recreation 042

身近なもので草木染めする

#DIY #植物 #子どもと一緒に

ボウル
ミョウバンの溶けたお湯に浸す。大きいサイズが好ましい。
鍋
浸けやすいように口の広い鍋。
Burner
ザル
煮出した玉ねぎの皮を濾す。
熱源
焚き火や炭火ではないほうがよい。

捨てるもので色鮮やかに染まる

普段なら捨ててしまう玉ねぎの皮で、布を染めることができるんです。皮を煮出すだけで簡単に抽出液を作れるので、料理中に出た皮を捨てずにとっておいて、布を染めてみましょう。

化学染料とは違い、環境に優しいのもうれしい。新しい布を用意しなくても、シミをつけてしまったシャツや、色あせてしまったハンカチなど、いらなくなった古布でOK。エプロンやツールを入れる袋など、キャンプで使う布アイテムを染めるのもステキです。

基本の染め方

ミョウバンのありなしでも変化があるので、その色の違いを楽しんで。

材料と道具

- 染めたい布
- 鍋（料理用でもOK）
- 水
- 豆乳
- 玉ねぎの皮
- ミョウバン
- ボウル
- ザル

❶ 布を洗う

布を水で洗ったらよく絞り、豆乳に30分以上浸す。軽く絞って干しておく。豆乳のたんぱく質が染液の浸透をよくする。

❷ 染液を抽出する

鍋に玉ねぎの皮とひたひたの水を入れ、加熱する。沸騰したら弱火にして15～20分ほど煮出し、染液を作る。

❸ 布を入れる

玉ねぎの皮を取り出す。❶の布を10～15分ほど弱火で煮たら、取り出して軽く水洗いをする。模様をつけたいときは、あらかじめ布を輪ゴムで縛っておく。

❹ 媒染液を作る

ボウルにお湯を入れ、ミョウバンを溶かす。お湯1ℓに対してミョウバン2gが目安。

❺ 色止めをする

❹に❸を10～20分ほど浸け、染料を布に定着させる。よく水洗いをして乾かす。

いろいろな素材で染めてみよう

はじめての草木染めにオススメの布は、木綿や麻などの植物性の天然素材。きれいに染めるには、染める布の重さを玉ねぎの皮の重さと同量になるよう準備します。染めものをする日が決まったら、玉ねぎの皮を集めはじめましょう。日にちが遠い場合は、冷凍保存しておいてもかまいません。

玉ねぎの皮でうまく染めることができたら、ほかのものでもどんな染め上がりになるのか試してみて。ほかに、コーヒーの出がらしや、ヨモギやどくだみの葉、ぶどうの皮などでも染めることができます。日頃から染められそうな素材をチェックしておきましょう。また、煮出した染液などは天然のものですが、キャンプ場のルールを守って捨てるようにしてください。

PART2 recreation 043

松ぼっくりオーナメントでサイトを飾る

#DIY #植物 #子どもと一緒に

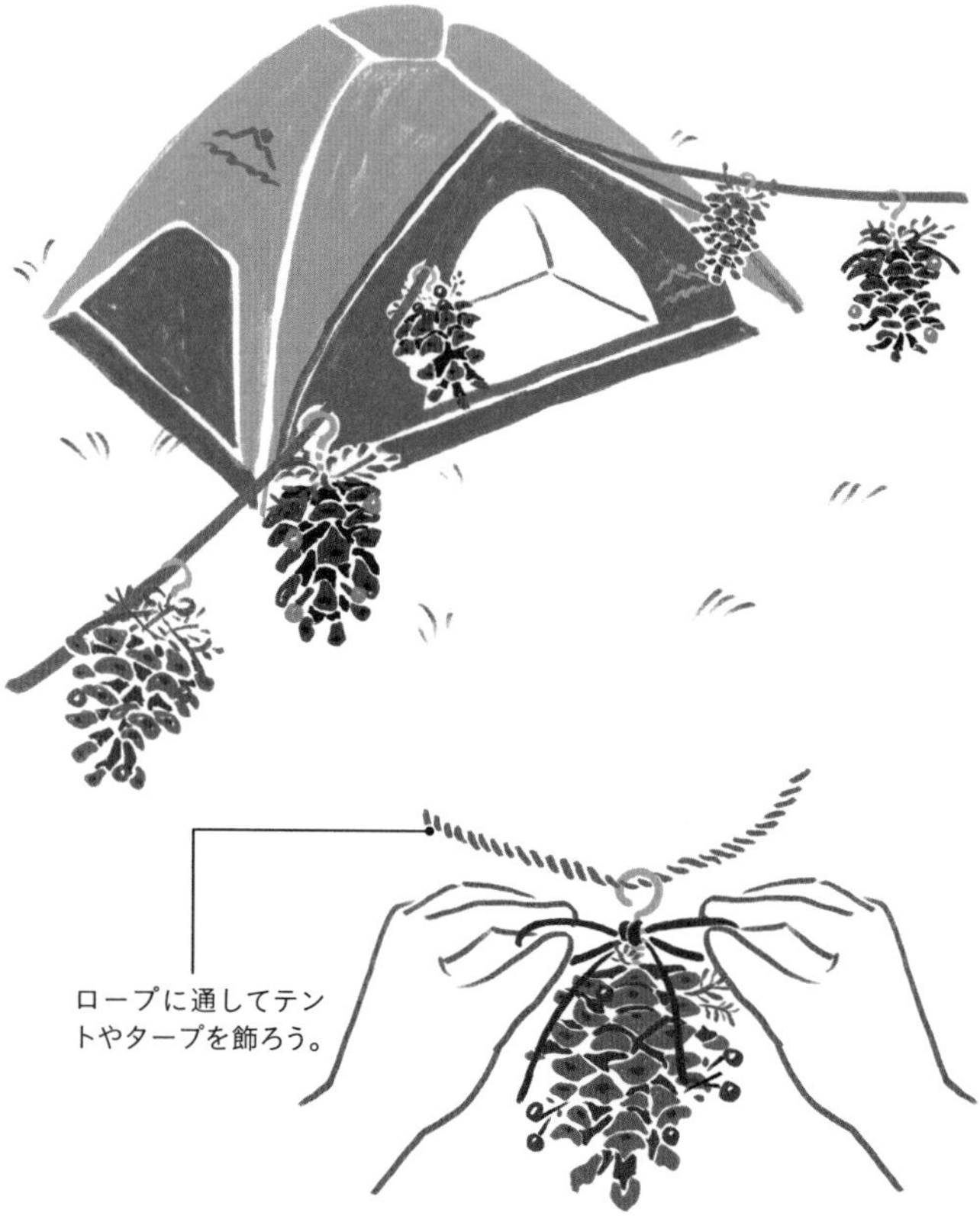

ロープに通してテントやタープを飾ろう。

子どもと一緒に作りたい自然素材の飾り

キャンプ場によく落ちている松ぼっくりをそのまま飾るだけでもかわいいけれど、一手間加えてオーナメントにすると、より温かみが増してキャンプの思い出にもなります。

オーナメントの作り方は簡単。木の実やビーズなどを松ぼっくりにボンドでくっつけて飾ります。好みでペンキやアクリル絵の具で色を塗っても。松ぼっくりの頭に丸いネジ（ヒートン）をねじって差し込み、リボンを結んで完成です。

こんなふうにクリスマスツリーにも。

気分は鍛治職人！五寸クギでペーパーナイフを作る

#DIY #炭火

耐熱手袋を必ずつける。
ハンマーで赤くなったクギを叩く。
平らな石の上か金床の上で叩く。

必要な道具

- 五寸クギ
- ハンマー
- ペンチ
- 耐熱手袋
- 七輪など
- バケツ
- 砥石

炭火で熱々に熱したクギをとにかく叩く！

五寸クギとは、長さ15センチほどの太くて長いクギのこと。炭火の中で先端が赤くなるまでクギを熱してからハンマーで叩きます。冷めてくるとクギが硬くなってくるので、もう一度炭火に入れて叩きます。両面を好みの形に整えたら火に入れて、熱々のところを水に浸してしっかり冷まし、砥石で研ぎます。

長袖長ズボンを着用し、必ず耐熱の手袋をして火傷しないように注意してください。

PART2 recreation 045

千利休のように野点を楽しむ

#ドリンク #リラックス

やかん
お湯を沸かすことができればいいので、片手鍋などでも代用できる。
茶杓（ちゃしゃく）
抹茶を容器からすくうさじ。スプーンでも代用できる。
茶筅（ちゃせん）
抹茶とお湯を茶碗の中で混ぜる道具。
茶巾
茶碗を拭くための布。
熱源
卓上ならワンバーナー、シングルバーナー、カセットコンロがオススメ。
抹茶
スーパーでも購入可能。お茶所が近いキャンプ場なら、道の駅で購入しても。

のびのびと自然の中で和を感じる

野点を知っていますか？　自然の中に身を置いてお茶を点てることを、茶道ではそう呼んでいます。古くは戦国時代、千利休と豊臣秀吉も戦場で野点を楽しんだといいます。

外で飲むコーヒーがおいしいのと同様、外で飲む抹茶も格別。いつもとは一味違った滋味深さを感じられることでしょう。風に吹かれ、木々に囲まれ草木の匂いに包まれながら、人とは違う渋かっこいいキャンプを楽しみたい人にオススメです。

用意するものは6つだけ 気楽にお茶を入れてみよう

野点に必要なものは、いたってシンプル。水、抹茶、茶碗、お湯を沸かすクッカー、熱源、茶筅さえあればＯＫです。野点の基本は「茶室を出て自由にお茶を楽しむ」こと。細かいことは気にせず気軽に挑戦できるのが最大の特徴なので、自分が持っているもので、まずは始めてみましょう。どうしても形から入りたい人は、１００円ショップなどでも気軽にそろえることができます。野点にハマってきたら、茶杓や茶筅、棗などのアイテムにこだわってみるのも一興です。また、道具だけでなく、抹茶や水を現地で調達して、その土地を感じるのもいいでしょう。お茶菓子も道の駅などで、普段は見かけないようなご当地の甘味を宝探し感覚で探すと盛り上がります。

野点のお点前

基本をおさえて、野点デビューをしましょう。肩の力を抜いてリラックスして点てることが一番のポイントです。

❶ 抹茶を入れる

茶碗にお湯を入れて温めたらお湯を捨て、水気を拭き取り、抹茶を茶杓2杯分（ティースプーン1杯分）入れる。

❷ お湯を注ぐ

茶碗に60mlのお湯をゆっくりと注ぐ。やかんから別の器に移した、80℃くらいがベスト。

❸ 前後に混ぜる

茶筅を前後に動かし、抹茶がダマにならないようにシャカシャカと混ぜ合わせる。

❹ 大きな泡を消す

茶筅を軽く持ち上げ、表面をなでるように混ぜて泡の大きさを均等にして、口当たりをよくする。

❺ お茶菓子と一緒に

お好みの甘味と一緒にいただく。抹茶が苦手な人は、お湯を温めた牛乳に替えて抹茶ラテでも。

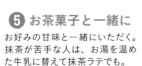

PART2 recreation 046

青空の下で流しそうめんをする

#DIY #ひんやりレシピ #子どもと一緒に

ジャグから流す
チョロチョロと水を出す。勢いがよすぎると、そうめんの流れが速くて取りづらいので上流の人は気にして。

ペットボトルで
2Lのペットボトルを縦半分に切って、防水加工されたテープでつなぐ。切り口で手を切らないように防護も。

大きめのバケツ
バケツの上にざるを置いておくと、取りそこねた食材をキャッチできる。水がどんどん溢れることを想定して設営を。

ペットボトルでできるのがラクチン

暑い日、イベント的にキャンプ飯を楽しみたいなら、流しそうめんが粋！ペットボトルで台を作るのも楽しいアクティビティーになり、一石二鳥です。

果物や野菜を流すのもオススメです。ぶどうやさくらんぼ、缶詰のみかん、ミニトマト、枝豆、きゅうりなどの夏野菜もおいしくいただけます。

ラー油やごま油、豆乳などでめんつゆをアレンジしたり、しょうがやゴマなど、薬味を用意すればさらにおいしくて楽しい！

PART2 recreation 047

ポケットカイトで風を感じる

#風 #たこあげ #子どもと一緒に

ポケットカイト
さまざまな名称で売られているが、コンパクトミラーのようにパッと出してたこあげできるのが共通の特徴。
風の流れを読む
はじめは風上に向かって走りながらたこを引き、少しずつ糸を長くしていく。常に自分が風上にいるよう動くと、たこがあがりやすい。

大空に飛ばすだけで不思議な心地よさ

手軽にたこあげが楽しめるように作られたポケットカイトは、キャンプでの遊びにもぴったりです。テント設営や焚き火などに必要な風読みの勘を鍛えるのにも役立つかも！ 小さくて骨がないのに、空高く飛ばすことができるのは、本体にあるスリットを空気が通り抜ける構造だから。

大きなたこと違って、風があまりない日でもちょっと走ればあがります。近隣キャンパーの邪魔にならない広い場所であげてみましょう。

PART2 recreation 048

#自然観察 #昆虫 #子どもと一緒に

本気の昆虫観察でアリを極める

アリをじっくり観察するとおもしろい

キャンプ場で出会える虫はたくさんいますが、もっとも身近ともいえるアリを観察した経験はあるでしょうか? 生態はなんとなく知っていても、どんなふうに過ごしているのかじっくり見つめてみると、なかなかおもしろい発見があります。一口にアリと言っても種類もさまざまで、一匹一匹動きも違うので、よく観察してみて。持ち帰って観察することもできますが、必ずキャンプ場に確認をとってからにしましょう。

アリはなんでも食べる?

アリは雑食性なのでなんでも食べます。砂糖を置いておくとぞろぞろやってくるイメージがありますが、種類によっては砂糖をあげても寄りつかないことがあります。虫の死骸や花のタネなどのたんぱく質を好むので、どんなものが好物か調べてみるのもおもしろいでしょう。

反対にアリが苦手なものは、お酢やコーヒー、ハッカ、レモンなどです。キャンプのときに少し置いておくと、アリ除けにもなります。

アリには、人間の鼻よりもずっと優れている「触角」があり、人にはわからないほど微量のにおいでも、しっかり嗅ぎつけて食べ物にたどりつくことができます。

アリの種類

アシナガアリ

山野の日陰で見られる大型のアリで、脚が長くてスマート。日本では17種のアシナガアリが確認されている。

クロオオアリ

日本産のアリの中ではもっとも大型の部類に属する、ヤマアリ亜科のアリ。小動物の死骸や植物のタネなどを食べる。

クロヤマアリ

日本中どこでも見ることができる、日本を代表する種類。公園や草原など広くて日当たりのよい場所に巣を作る。

ケブカアメイロアリ

剛毛が生えているのが特徴で、沖縄などで見られる。夜行性で、昼間は土の中から出てこない。

シリアゲアリ

サソリみたいにお腹をあげるのが特徴。キイロシリアゲアリは赤く光って見えるため、ヒアリと間違えられることが多い。

観察の仕方

❶ アリがどこに行くのか追ってみよう

エサを見つけて巣に運んでいるアリもいれば、ただウロウロしているだけのアリも見かける。それぞれが何をしているのか追いかけてみよう。

❷ 分速何メートルか測ってみよう

アリの巣の近くに10cmの線を引き、アリがそこを通過するのにどのくらいかかるか測ってみよう。

❸ アリの好物を見つけよう

地面に、砂糖や塩、チョコレートのカケラなどを置き、どれにいちばん集まってくるか調べよう。苦手なお酢を近くに置くとどうなるかな？

❹ アリの身体を調べよう

小さなアリにも目や口、脚の節などがある。保存袋や透明なケースにアリを入れてルーペで見てみよう。

PART2 recreation 049

カブト&クワガタハンターになる

#自然観察 #昆虫 #子どもと一緒に

昆虫採集は夏がシーズン！

虫好きの夏キャンなら、昆虫採集もオススメです。場所によって異なりますが、梅雨の間から9月ごろまで楽しめます。夜行性なので、日が暮れたあとか早朝が狙いめです。キャンプ場に必ず許可を取り、虫を持ち帰ってもよいか確認し、ほかのキャンパーの迷惑にならないようにも注意しましょう。

秋から春にかけては腐植土堆肥の中、オガクズの中などに幼虫がいます。幼虫は、大きくなっている春が一番見つけやすいでしょう。

ハンティングの方法

❶ しかけで集める

バナナを潰したところに焼酎を浸し、一日置いておく。それを茶袋やネットなどに入れて木に止めておこう。クヌギやコナラなど樹液の出る木にいるので、しかける木を間違えずに。

❷ 光で集める

白いシーツとランタンを持ち、クヌギやコナラなどの近くにシーツを張って光を当てる。光に吸い寄せられていろいろな虫が集まってくる。

飼育の方法

キャンプ場からひとまず持ち帰るときは、通気を確保できる容器に入れよう。乾燥に弱いので、濡れたティッシュなどを敷くこと。

家に帰ってから準備する飼育ケース

虫かごのようなケースに成虫管理用マットを敷き、木の枝や昆虫ゼリーを入れる。湿度と温度管理がいちばん大切なので、霧吹きで枝を湿らせ、25℃くらいの室温に保つ。

スウェーデントーチを楽しむ

#焚き火 #北欧スタイル #リラックス #DIY

スウェーデントーチとは

丸太に十字や八方に切り込みを入れ立てて使う焚き火。豪快な火力でキャンプが盛り上がる。

なんちゃってスウェーデントーチで豪快な焚き火

スウェーデントーチは丸太に切り込みを入れてそのまま燃やす豪快な焚き火です。本場ではこの上にフライパンをのせて料理することもあります。が、太い丸太はなかなか手に入らないですし、キャンプ地で思いついてもすぐにはできません。でも薪を束ねて針金でしばる「なんちゃってスウェーデントーチ」なら簡単に作って、ダイナミックな焚き火を楽しむことができます。大きすぎると燃え崩れたときに危ないので、ほどほどの大きさに。

薪を束ねて 針金でしばるだけ

丸太か薪を6〜8本集めます。長さや太さをある程度そろえたほうが使いやすいですが、まったくバラバラにしても焚き火としては面白いものになります。

真ん中のあたりに固形の着火剤を挟み、薪をまとめます。それをぐるりと針金でしばれば「なんちゃってスウェーデントーチ」のできあがりです。

焚き火台に置いて使います。不安定なようならもうひと巻き巻いて安定させてもいいでしょう。

束ねた薪がすべて燃えたとき焦げ臭くならないよう、針金は樹脂などの被覆のないものを使用します。薪を束ねただけあってダイナミックな火力が楽しめます。燃え尽きるまで時間がかかるので、余裕をもって始めましょう。

なんちゃって
スウェーデントーチの作り方

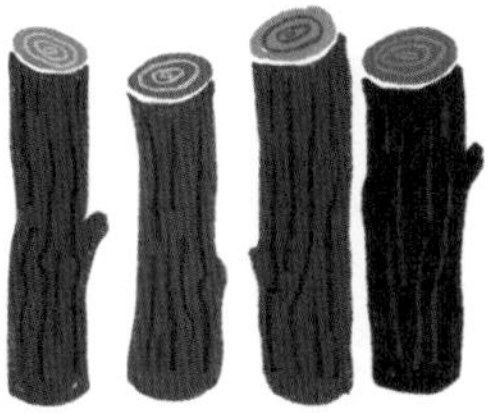

❶ 丸太か薪を集める

丸太、または薪などを6〜8本ほど集める。長さはそろっていても、バラバラでもよい。

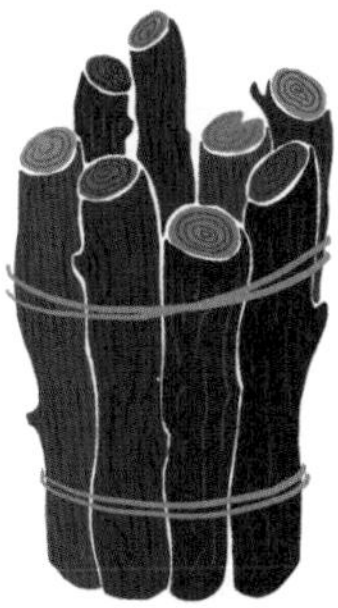

❷ 針金で巻く

束ねた中心のあたりに着火剤を挟み、針金で巻いてしばる。

❸ 使う

焚き火台の上に置いて着火する。長さのちがう薪を束ねてアクセントにするのも楽しい。

PART2 recreation 051

季節の星空を楽しむ

#自然観察 #星空 #リラックス #夜時間

びっくりするほど星座表通りに見える！

キャンプをはじめていちばん驚くのが、夜空に見える星の数。星空を眺めるだけでうっとりですが、星座早見盤があると、どんな星が輝いているのかがわかってさらに楽しめます。望遠鏡があればベストですが、アウトドア用の双眼鏡でも肉眼でも。周りの明かりを消し、コットや背がリクライニングする椅子で観察しましょう。季節によって見える星や位置が変わるので、どんな星空が見えたのか記録しておくのもオススメです。

四季おりおり見える星空

春
北斗七星を見つけよう

夏
天の川が見える！

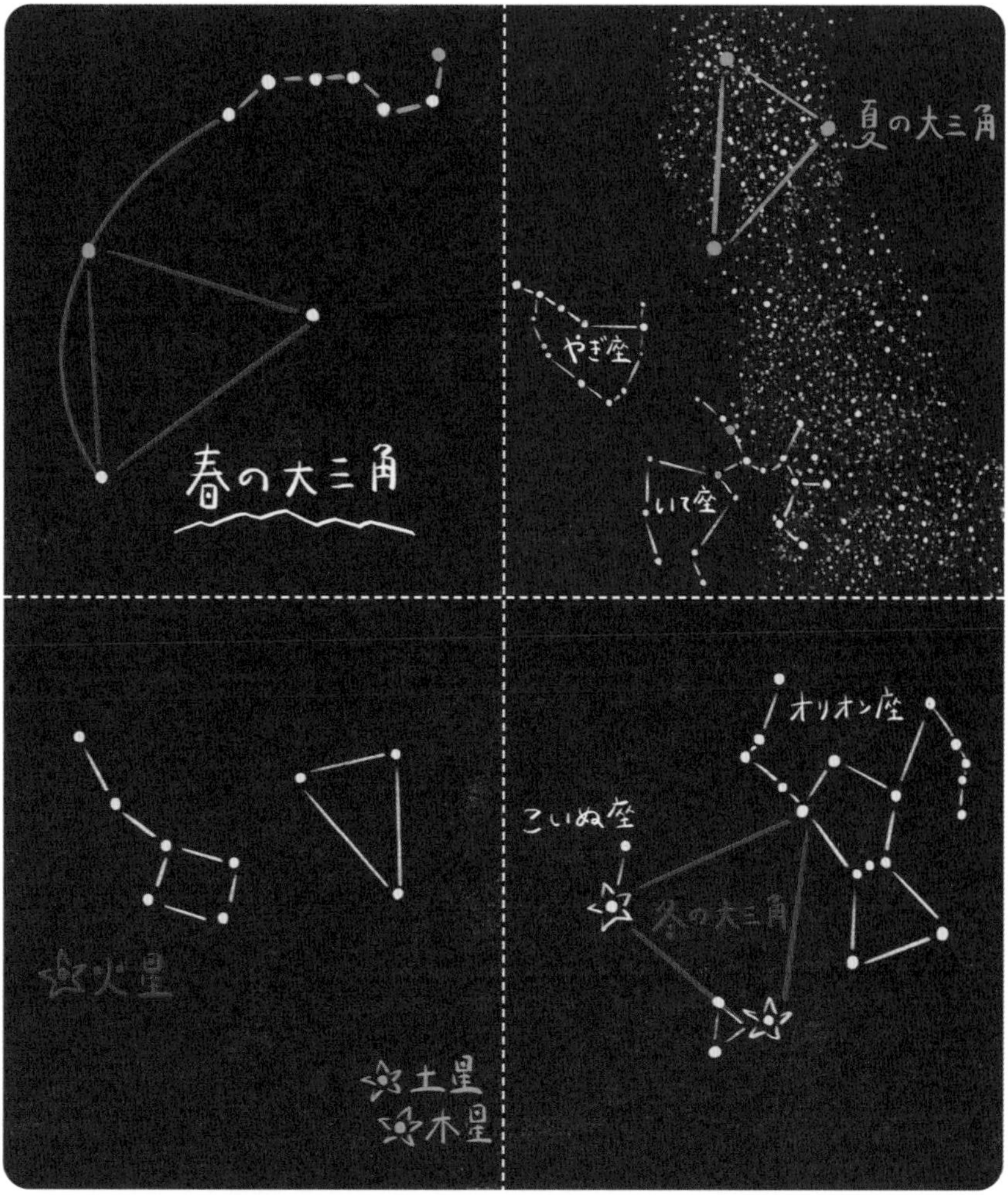

秋
赤く光る火星を探そう

冬
オリオン座を見つけて

PART2
recreation
052

雲の種類を見分けられるようになる

#自然観察 #天気 #雨キャンプ #リラックス

10種類の雲、見分けがつく？

空を眺めるゆっくりした時間があるときは、雲に注目してみましょう。雲はたくさんの形があるように思いますが、実は10種類に分類できます。同じような形でも、高さによって名前が変わるので、飛んでいる飛行機の高さなどを基準にしてみましょう。

また、天気や雲の様子は西から変わっていくので、観察するのは西の空に。スケッチしたり写真に撮ったりして定点観測し、雲がどのように変化していくかも調べてみましょう。

①巻層雲（けんそううん）（うす雲）
太陽や月のかさとして出ることが多い白くて薄い雲。温暖前線の前に現れることが多く、翌日はほぼ雨になるといわれている。

②巻積雲（けんせきうん）（うろこ雲）
うろこ状や波状の形の白い雲で、秋や春によく見られる。いわし雲ともいう。この雲があると天気は下り坂になることが多い。

⑩積乱雲（入道雲）
もくもくとした夏を代表する雲。雲の底が暗く、積乱雲に含まれる水の量はドラム缶1000本分と言われている。大気が不安定なときに見られる。

❸ 巻雲（けんうん）（すじ雲）

「巻」とつくものは高い位置に出る。なかでもいちばん高いのが巻雲で、晴れているときに見えることが多い。秋を代表する雲。

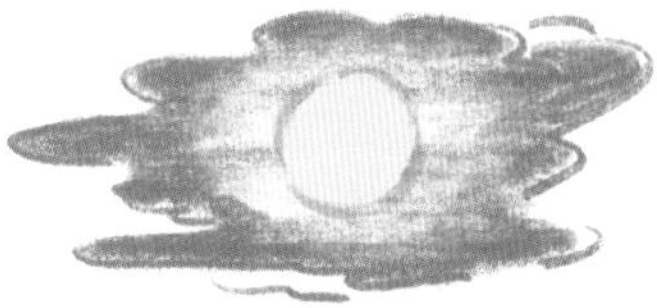

❹ 高層雲（おぼろ雲）

灰色の雲で空全体を覆ってしまうことが多い。朝焼けや夕焼けで色づくこともある。

❺ 高積雲（ひつじ雲）

小さな塊が群れになっているような雲で、白か灰色をしている。この雲が広がっていくと、徐々に天気が悪くなっていくことが多い。

❻ 乱層雲（あま雲）

「乱」の文字がつく雲は雨を降らせる雲。ムラのない灰色または黒い雲で、雨や雪が降る。太陽や月も完全に隠すほど分厚い。

❾ 層積雲（うね雲）

大きな塊の雲が群れになっている。色や形のバリエーションが豊富。低い位置で厚めのふわふわした雲があったら層積雲の可能性が高い。

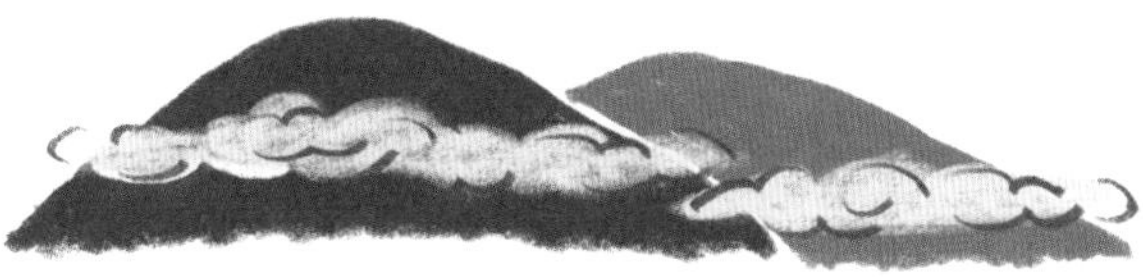

❼ 層雲（きり雲）

灰色で霧に似ていて、もっとも低いところに出る雲。雨上がりに山裾に現れることもある。雲の向こうに太陽が見えることも。

❽ 積雲（わた雲）

青空に浮かんでいることが多い雲。さまざまな形がある。この雲が出ているとよい天気が続く。

PART2
recreation
053

デジタルデトックスでリフレッシュする

#自然観察 #リラックス #ハンモック

スマホやタブレットから離れて自然を満喫する

せっかく自然の中に身を置いても、スマホばかり見ているのではいつもと同じ。そんなふうに思ったら、デジタルデトックスしてみましょう。ただスマホやタブレットから離れるというだけなのですが、案外難しいもの。デトックスタイムを決めてやってみたり、思いきって圏外のキャンプ場に行くのも手。音楽を聴いたりカメラを使いたい場合は、飛行機モードに。手元にあると使いたくなってしまうので、距離を取るほうが実行しやすいでしょう。

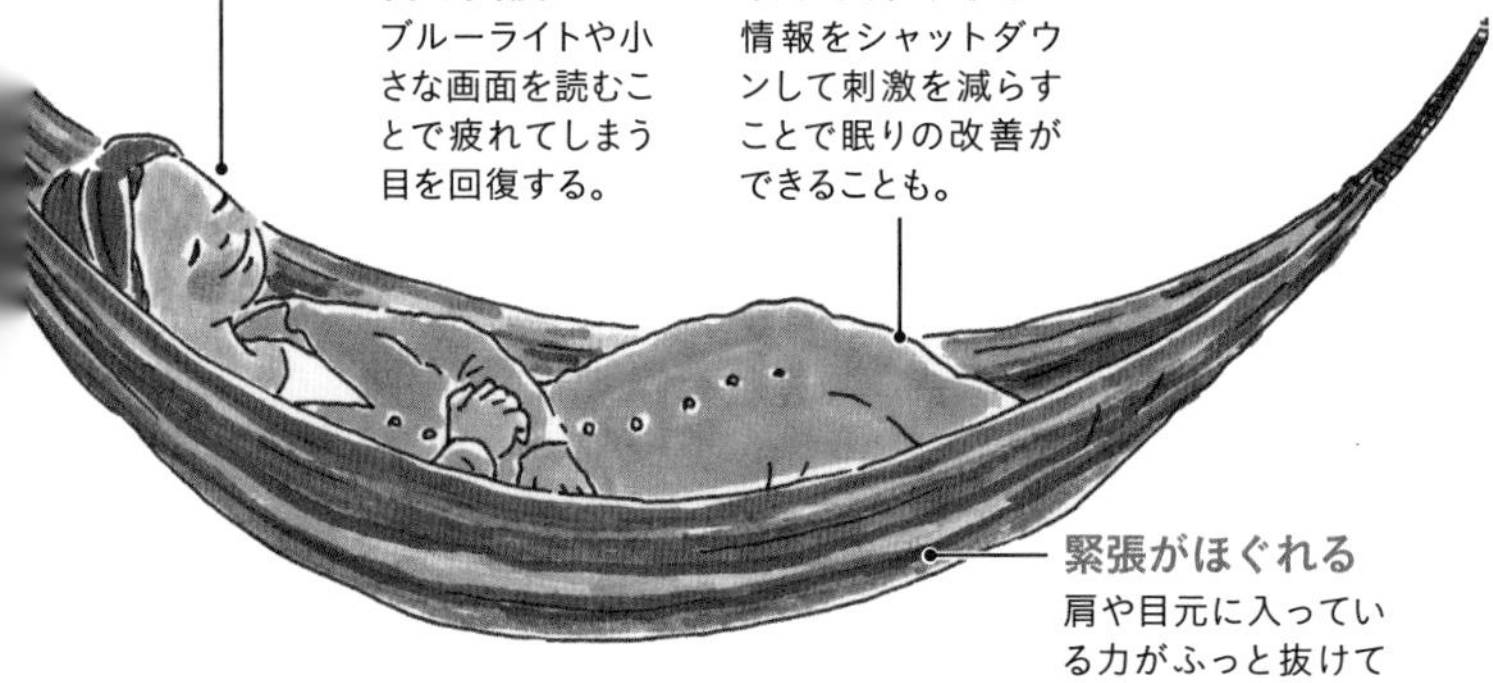

目の回復
ブルーライトや小さな画面を読むことで疲れてしまう目を回復する。
眠りが深くなる
情報をシャットダウンして刺激を減らすことで眠りの改善ができることも。
緊張がほぐれる
肩や目元に入っている力がふっと抜けてリラックスできる。

ぽかんと空いた時間に何をするかも考えておく

デトックスをはじめても、手持ち無沙汰だったり暇が楽しめなかったりすると、スマホの刺激を求めてしまいがち。せっかくの時間を何に使うか、先に考えておくとうまくいきます。

たとえば普段はしない手芸や工作などの手仕事や料理、読書をしたり絵を描いたり。好きなことでこれなら集中してできる！という遊びを見つけてみましょう。ゴロゴロしながら好みの音楽を聴くだけでも、十分ステキな時間が送れます。

五感を鍛えてみよう

味覚

地元の食材や食べたことのないものに挑戦する

その土地でしか見かけない食材は積極的に買ってみよう。キャンプに行ったときだけ食べられるご褒美を用意しておくのもよい。

視覚

景色を見たり絵を描いたりする

普段は近くのものばかり見ていることが多いので、遠くのものに目を向けてみよう。絵の具を混ぜていろいろな色を作るのもおすすめ。

嗅覚

木々の香りを吸いこんで

森林の中で深呼吸してみよう。風の香りが身体中を駆けめぐり、気持ちをリフレッシュさせてくれる。

聴覚

虫や鳥、川や風など音に耳をすます

虫や鳥、川や風など自然の音に耳をすまし、どんな音が聞こえたか記録するのも楽しい。自然の中の音は刻々と変わるので変化も感じてみよう。

触覚

はだしで自然のものに触れてみよう

川の水や石、芝生など、はだしになって足の裏で自然を感じてみよう。普段は味わえない感覚が脳に伝わってくる。

PART2 recreation 054

アウトドアでサウナを楽しむ

#サウナ　#リラックス　#水辺の遊び　#北欧スタイル

テントサウナ
ロシア製やフィンランド製がある
サウナストーン
あたためたところに水をかけて水蒸気を発生させる
ストーブ
薪を燃やしてサウナストーンをあたためる
ヴィヒタ
白樺の若い枝葉を束ねたもので全身を叩くと、肌の引き締めやハリを保つ効果がある。

アウトドアで身体を芯まで温める心地よさ

アウトドアでサウナを楽しむテントサウナがひそかなブーム。専用のテントがあれば、どこにでも持っていくことができ、河原や海辺の近くでサウナを楽しめます。身体を芯まで温めたあと、外の風や川の水などでクールダウンするのが最高に気持ちいい！

とはいえ、テントサウナは高額ですし、設営や使い方も独特。いきなり自分ではじめるのはハードルが高いので、まずは体験できる施設やイベントで試してみるのがオススメです。

Q テントサウナはどこで体験できる?

A ワークショップやイベント、キャンプ場のテントサウナなどで体験できる。自分でテントを購入することもできるが、まずは設営の仕方や使い方を習うのがよし。

Q どんな格好がよい?

A 水着や濡れてもいい格好が◎。アクセサリーは外しておこう。頭が熱くなるのでサウナ用のハットをかぶって。

Q テントサウナを楽しむには?

A 好きなアロマオイルを垂らしたり、白樺の枝を束ねたもので身体を叩きながらウィスキングというマッサージをしたりするのが楽しい。

Q 危なくないの?

A 設営や使い方が正しくないと事故につながるので、火元をしっかり管理し、一酸化炭素チェッカーを持参するなど危険がないように注意したい。自分で行う場合は、テントサウナを使ってよいかどうかキャンプ場に確認しよう。近隣のキャンパーにも迷惑がかからないように。

Q ロウリュって?

A サウナストーンに水をかけてテント内の湿度を一気にあげること。体感温度はあがるが、水蒸気を浴びるのが気持ちいい。

PART2

recreation

055

#朝時間 #リラックス #自然観察

早起きキャンプで三文の得をする

夜が早いぶん朝日とともに目覚めてみたい

キャンプ場で朝を迎えると、その空気の新鮮さと冷たさに驚くでしょう。夏場でも朝は涼しくて過ごしやすいので、ぜひ早起きをして散歩に出かけてみてください。人間が静かなうちに活動する虫や鳥に出会える可能性もあり、日中とは違った景色を見ることができます。

また、日の出の時刻を調べて、朝焼けを見るのもオススメです。一日が長く感じられてアウトドア時間をゆっくり楽しめます。

早起きしたら……

- 少し遠くまで散歩する
- 朝ごはんをゆっくり作る
- コーヒーを焙煎する
- パン生地作りをする
- シートを広げてヨガをする

PART2
recreation
056

雨ならではの遊びを楽しむ

#自然観察 #雨キャンプ #子どもと一緒に

残念……と思わず 雨の楽しさを見つけて

キャンプで雨が降ってしまうと、なんにもできない！と思ってしまいがち。たしかにテントが濡れたり撤収が大変だったりしますが、雨の日の楽しみも探してみましょう。レインコートや長靴などで散歩に出かければ、美しく濡れた草木を見ることができます。雨水を利用して色水を作ったり、油性ペンでビニール傘に絵を描いてオリジナルの傘作りをしたり。天気予報が怪しいときは雨用アクティビティーも考えて出発しましょう。

しずくの落ちる音を聞く

雨がポツポツと垂れるところにバケツや瓶を置いて、雨音を聞いてみよう。いろんなところに置くとリズムが楽しい。

いつもは見られない生き物に会えるかも

カエルやカタツムリ、ナメクジ、ミミズは雨が大好き。石の下や陰に隠れていないか探しながら散歩してみよう。

川を作る

水たまりから土を掘って道を作り、川にしてみよう。雨を溜めておいて上流から流してみるのも。

濡らした画用紙に絵を描く

画用紙を雨でよく濡らしてから布で軽く拭き、絵の具を落としてみよう。じわりと滲んで他の色と混ざり、すてきな絵になる。

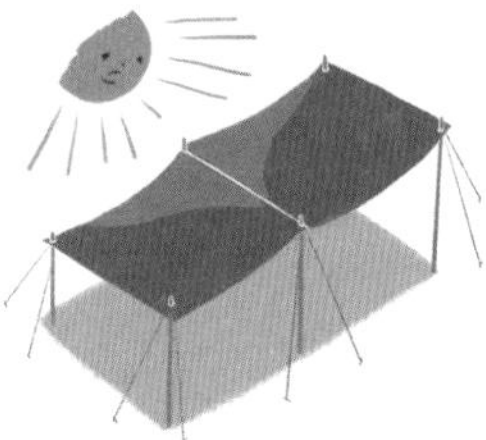

tools

PART 3

沼へようこそ。究極のギア選び

少し手間のかかる道具を使いこなし、

不便を楽しむのもキャンプの醍醐味。

そして、自分にとっての最上の道具を選び抜くのも

また楽しいものです。

自分で道具を作り出すことも

キャンプならではの楽しみですよ！

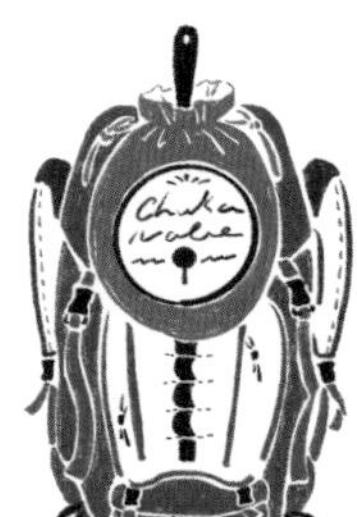

GAS
FIRE
FOR OUTDOOR

ひとつで二役の陣幕を使いこなす

#陣幕 #風 #目隠し #焚き火

「陣幕」で風を防いであたたかさをにがさない

近年使用する人が増えているのが「陣幕」。サイトの端についたてを立てるアイテムなのですが、これが実に便利なのです。

まず防風機能。焚き火台の向こう側に立てると、急な突風で灰が巻き上がることもなく、煙や火の粉が隣のサイトを襲うこともありません。燃えにくい素材で作られている場合が多く安心です。防風効果だけでなく、焚き火で生じたあたたかい空気を反射するので効率的に暖をとることもできます。

四方を囲んで プライベート空間を構築

陣幕のもうひとつの役割は目隠しです。オフシーズンやお隣さんと十分な距離が空けられるような場所であれば考えなくていいことですが、ハイシーズンのオートキャンプ場となれば、それなりに混雑していて、サイトの組み方次第では、目の前で他の家族がお食事中だったり、ふと他のグループの人と目があって気まずくなったりということもあります。

一方を車、その隣にテントを配置して二方を固めた上で陣幕を活用すれば三方が囲えます。残りの一方は道路や通路側でキッチンスタンドなどを配置しておけば、出入りもしやすくできます。マイサイトをぐるっと取り囲んでおけば、仲間や家族とだけのプライベート空間を確保できますね。

PART3
tools
058

#タープ　#風　#雨キャンプ

七変化！タープの張り方を極める

①ハウスモード
通常の使用方法。天気がよければ眺めのよいこのモードがオススメ。

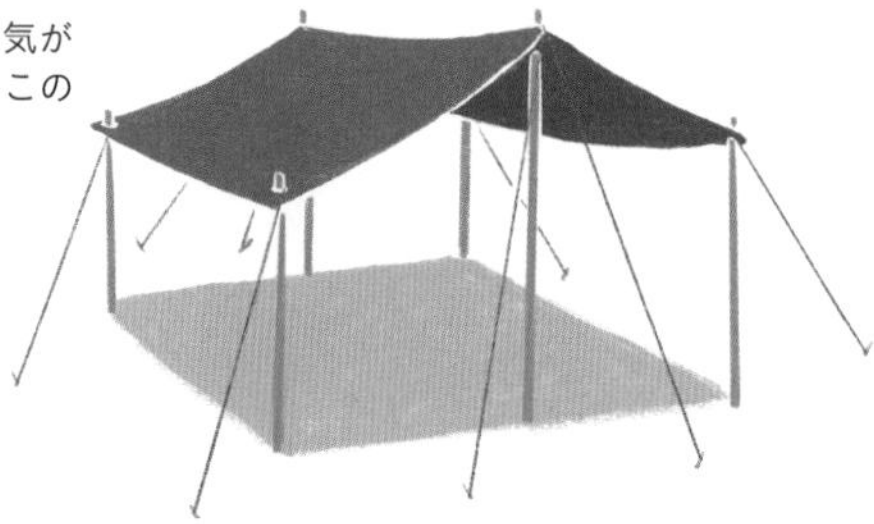

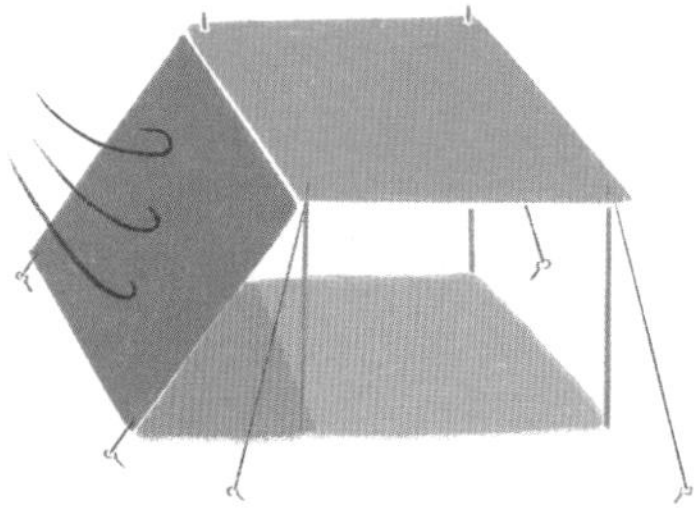

②風除けモード
風上側だけポールを外して、直接地面からロープを張るモード。

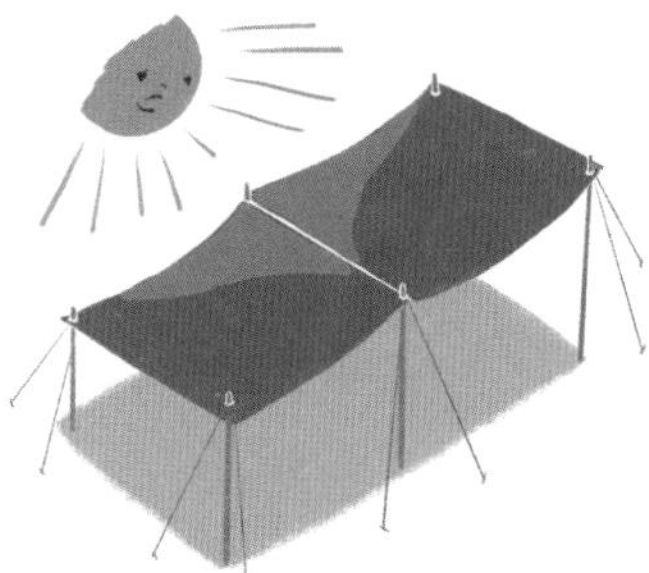

③日除けモード
長いポールをサイド側に使い、全体が傾斜するようにするモード。日陰を大きくできる。

タープの張り方はひとつじゃない

タープに正しい張り方はあっても、決まった使い方はありません。キャンプサイトのカタチや天候・季節に応じてさまざまに使い分けられるのがタープなのです。風が気になれば風上だけを低く下げる、日差しが強ければ南側や西側を下げて日除けにするなどフレキシブルに使えます。

とくにポールを6本備える四角形のレクタングラータイプなら、四隅を上げたり下げたりして、実に多様な形態での設営が可能です。

④ 雨天モード

ポールを減らして、タープの角を地面にロープで張るモード。そこを伝って雨水が流れてくれる。

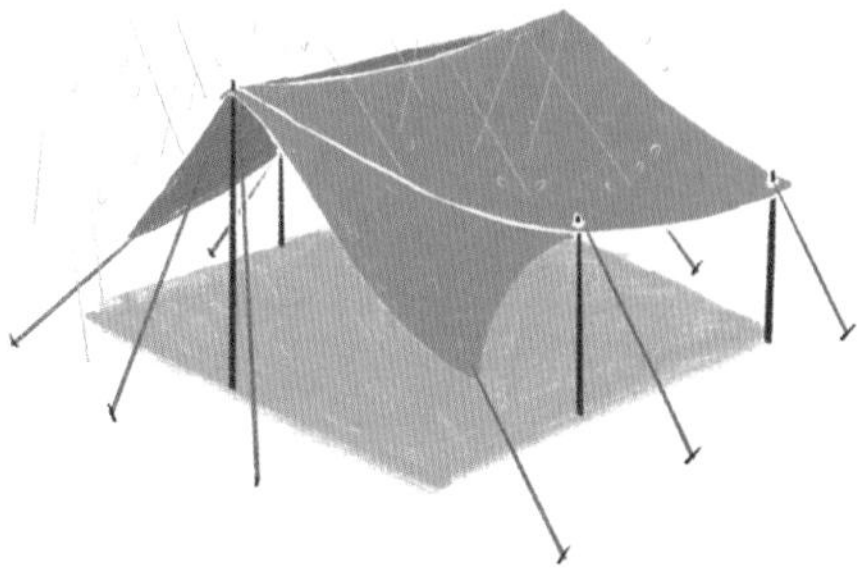

⑤ 豪雨モード

吹き込む雨を避けて、地面ギリギリまで両端を下げるモード。

⑦ カバーモード

荷物を雨風から守るモード。人は車やテントに退避して天候の回復を待つ。

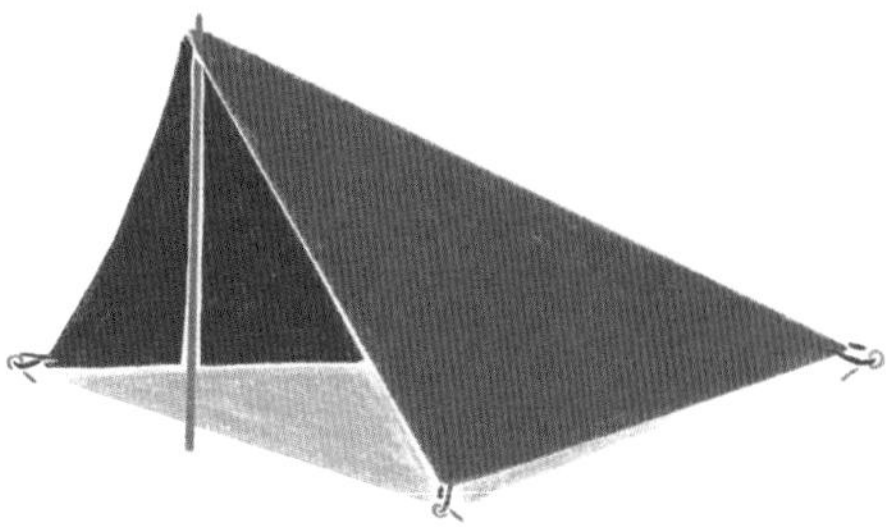

⑥ ビバークモード

ポールを一本だけ角に使用して、他の角をすべて地面にペグで打つモード。

自由な発想でタープを活躍させよう

タープはポールとロープがなければただの一枚のシートですから、アイディア次第でさまざまに活用できます。ポールを減らしてもいいし、ロープを増やしてもいいのです。

　たとえば、縁から雨だれがひどいと思ったら、角のポールを外して代わりにロープで地面に引っ張れば、そこから雨水が流れるようにできます。ひどい豪雨に見舞われたら、四隅のポールを外して、真ん中に荷物を寄せて鋭角に張ればいいですし、風も強いようなら一本のポールだけ使って風上をすべて下げるという使い方もできます。そして、ポール一切なしで、地面にべったりと貼り付けるようにして荷物を守ることもできます。悪天候なときほどタープは活躍してくれるのです。

最適チェアを選んでアウトドアを制す

#チェア #リラックス

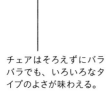

チェアはそろえずにバラバラでも、いろいろなタイプのよさが味わえる。

長い時間を過ごすチェアはお気に入りを選びたい

キャンプサイト滞在中、もっとも長い時間を過ごすのが、チェアの上と言っても過言ではありません。最初はその場しのぎの安価なものでそろえてしまいがちですが、一度買うと長く使うアイテムなので、必ず座って試して、できるだけ座り心地のよい物を選びましょう。

可動部にプラパーツを使用するチェアは、その部分が破損しやすいので、同じ価格帯でも見比べて、しっかりした素材や形状のものを選んで。

今オススメのチェアは この3タイプ

座り心地を重視するならアームチェアタイプがよいでしょう。ひじかけがあってゆったり座れます。中でも頭のほうまで背もたれがあるタイプがゆったりくつろげてオススメです。カップホルダーがあるタイプはテーブルが広く使えて便利です。

ファミリーならベンチタイプがひとつあると便利。子どもはじっとせず、あちこち動き回りますから、座ったり立ったりがしやすいベンチのほうが、使い勝手がいいのです。眠くなったらそのまま横になってもOK。

コンパクトさを重視するならバケットタイプがオススメ。包み込まれるような座り心地と、持ち運びやすさが◎。焚き火台にもちょうどいい高さです。とにかくコンパクトなのでキャンプ以外でも家の中、近くの公園などでさっと使うこともできます。

アームチェアタイプ

折りたたみ時は約90cm程度の長さに。重量は3kg前後。

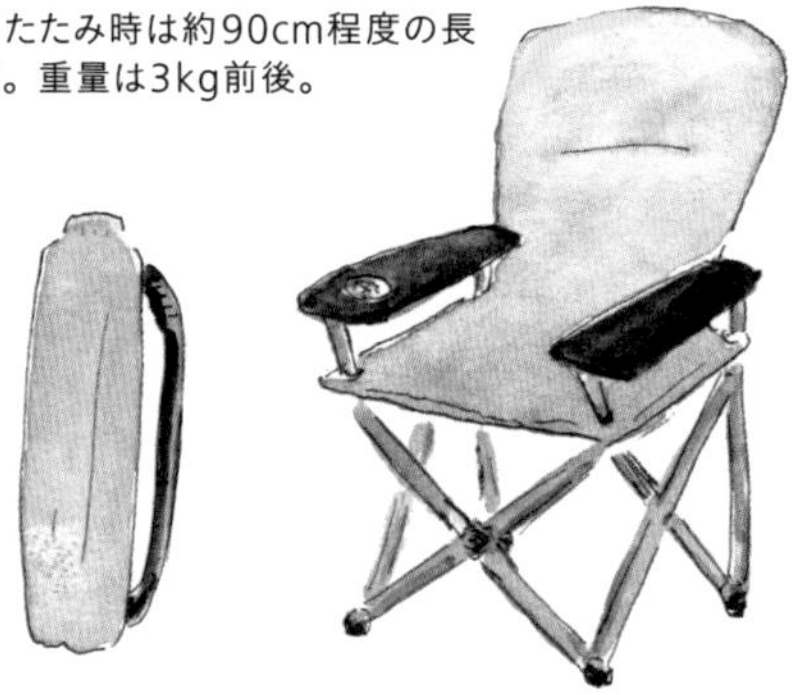

ベンチタイプ

折りたたむと100cm×60cmほどに。重量は4～5kgと少し重め。

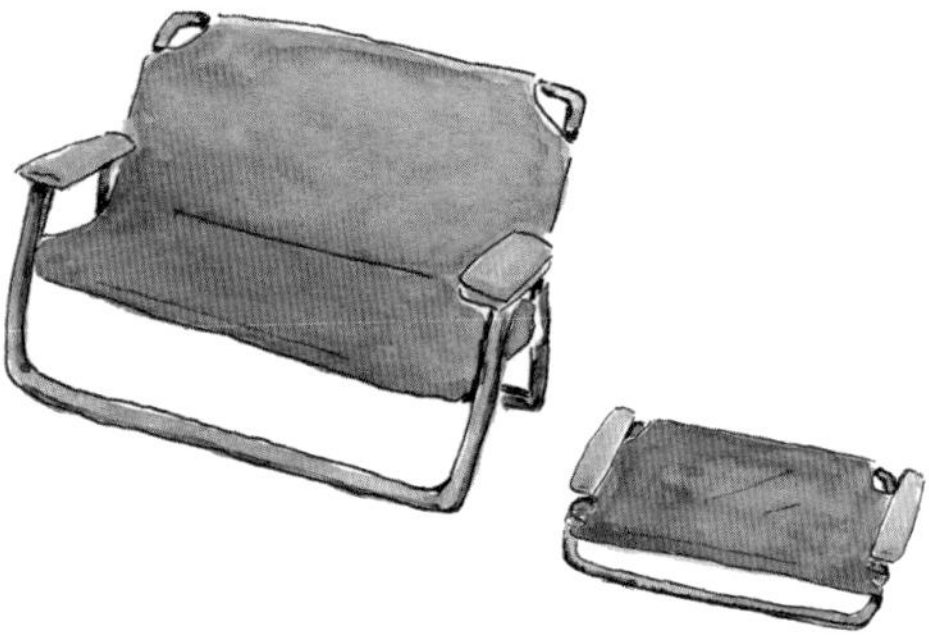

バケットタイプ

折りたたみ時は40cmほどに。重量も1～2kgとトレッキングにも持ち出しやすい軽さ。

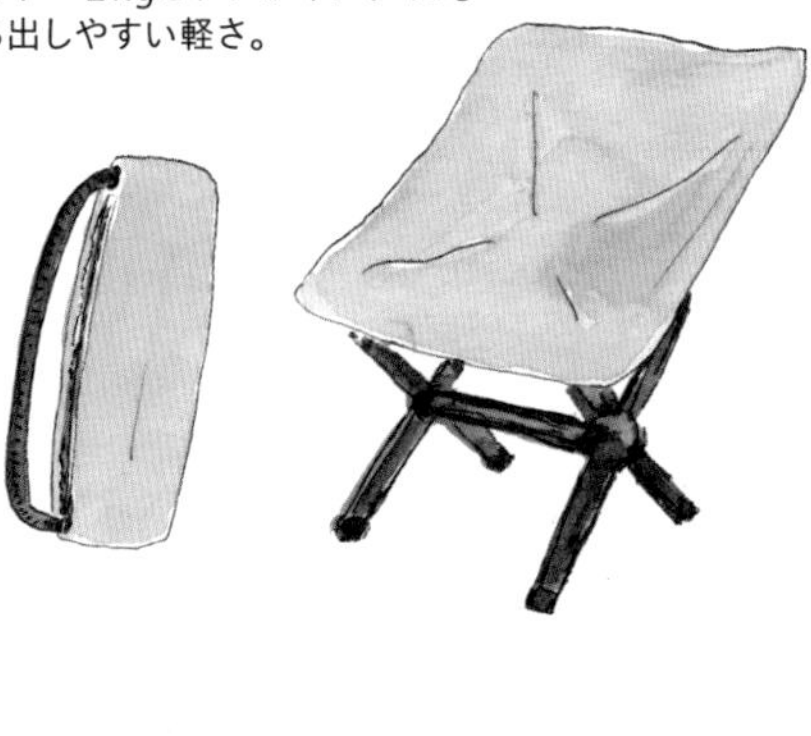

PART3
tools
060

寝袋×マットの最適解で安眠する

#寝袋 #マット #防寒 #安眠したい

リミットをチェック
たとえばモンベル製の寝袋には性能を示す番号が添えられている。一般的には「3」がいいとされるが、秋の寒い朝でも快適な「2」（リミット-6℃・コンフォート0℃）をオススメする。さらに寒ければ中に着込めばいい。

マミータイプをチョイス
封筒型や人型などいくつかのフォルムがあるが、やはり基本かつ王道のマミー型をチョイスしたい。防寒性が高くコンパクトに収納できるのが特長で、選択肢も多く、高性能な物も数多くある。

寝袋はコンフォートより リミットをチェック

キャンプといえば夏！と最初は思いますがハマるうちに、人が少なくて涼しい春や秋にこそ行きたくなります。寝袋は最初からオールシーズン使える物を用意するのが結局はお得です。
　ポイントは寒さに対する性能。タグには「コンフォート」と「リミット」の数値がありますが、リミットは中で丸まってギリギリ我慢できるぐらいの温度ですからあまりあてにできません。快適に眠れるコンフォートの温度を重視して選ぶといいでしょう。

寝心地向上のキモは マット選びにあり

テントの下の凸凹は手で触って気にならなくても寝ころぶと意外と感じやすく、一度気になるとなかなか眠れません。冷気や熱気を受けて、眠りが妨げられることもあります。これらの地面からの影響をいかにシャットアウトするかが寝心地向上のポイントです。

今のところキャンプ用のマットはどれも一長一短で、完璧と言えるものはありません。展開の手軽さか、収納時のサイズ感か、柔らかさを最優先に考えるか、自分のキャンプスタイルにマッチするタイプを模索していきましょう。

断熱性は「R値」という数字が高いほうが高性能です。冬も使うなら3以上の物を。

インフレータータイプ

トレッキングにも連れていけるコンパクトさが特長。

メリット：コンパクトになる

デメリット：展開に時間がかかる・面積が小さい

エアータイプ

ファミリーでのオートキャンプにオススメ。

メリット：厚みがある・広い

デメリット：揺れる・ポンプが必要

ウレタンマットタイプ

オートキャンプで少人数ならこれで十分。地形はできるだけ平らな場所がよい。

メリット：安価

デメリット：かさばる

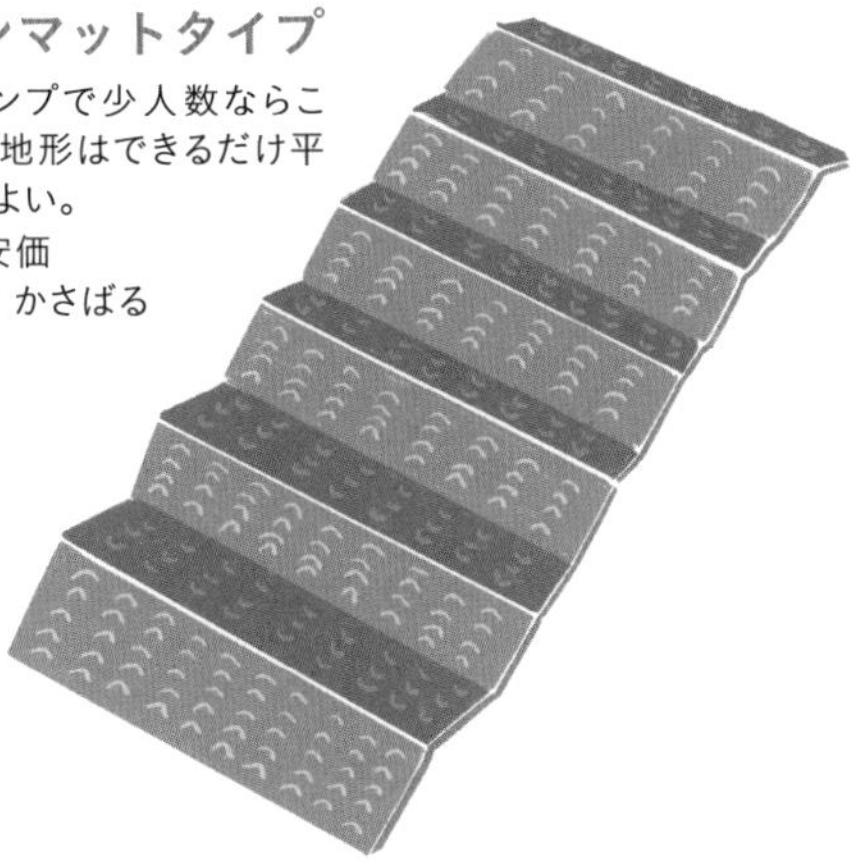

PART3 tools 061

もはや定番 コットの沼にハマる

#コット #防寒 #安眠したい #ひとつで二役以上

地面からの冷気を防ぐ。
フロアレスもOK。段差や石ころがあっても問題ない。

コットという選択肢を知る

キャンプに慣れてきたら、寝袋&マット以外の方法もあります。小型の簡易ベッドともいえる「コット」です。

地面からの冷気や熱気、段差、地形などまとめてシャットアウト。いつでもどこでもフラットで快適な寝心地が得られるのですから、一度使ったらやめられないというものわかります。

コットがあれば地面に何も敷かないフロアレスなスタイルも可能。靴をはいたままテントに出入りできて便利です。日中はベンチとしても使えます。

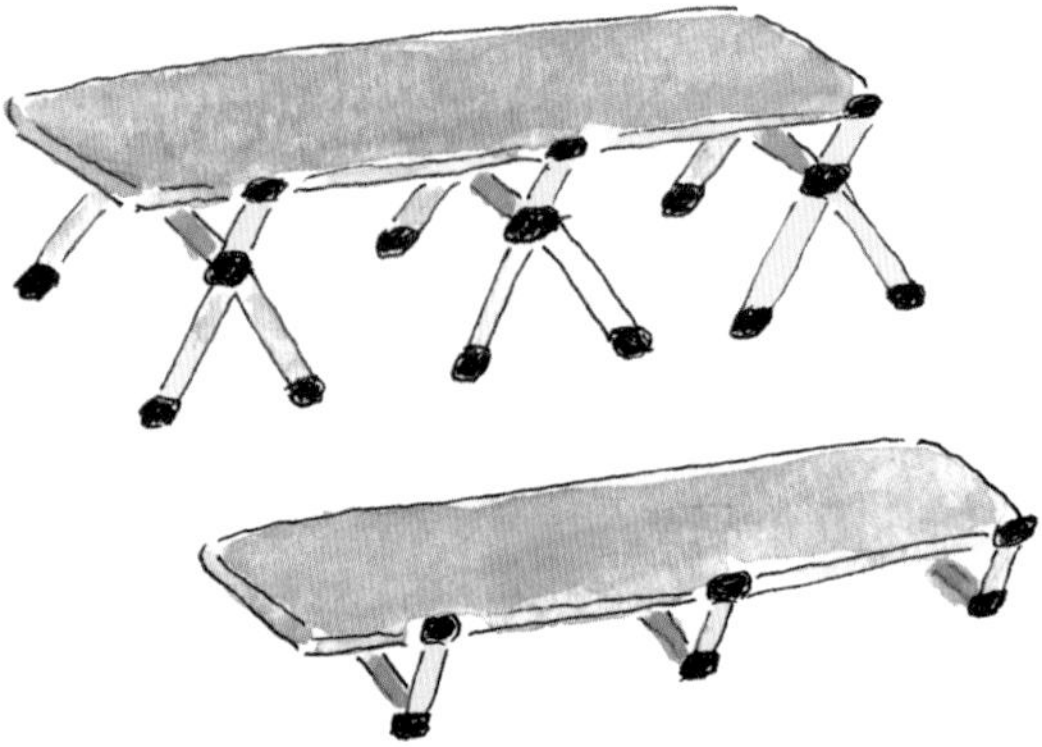

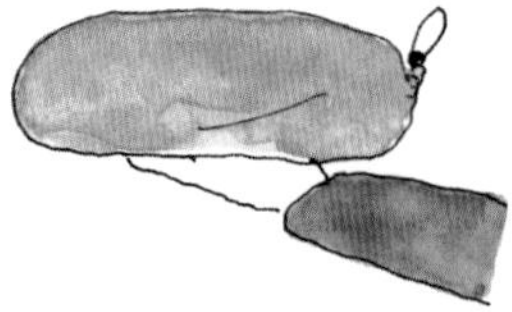

コンパクト＆フレキシブル

とにかく軽いので、トレッキングなどにも連れ出せる。収納時は全長50cm程度。重量は2kgちょっとぐらいで、高さも変えられる。

コンパクトかワンタッチか そこが問題だ

コットは大きく分けて、組み立て式でコンパクトになるタイプと、チェアと同じようにパタンとたためるワンタッチタイプがあります。寝心地は大きく変わらないので、持ち運びやすさを取るか、手軽さを取るかで選ぶことになるでしょう。

　コンパクトタイプではヘリノックスの物が人気。フレームの組み立てにはそれほど力が要らず、スームズにできるのが特長です。オプションで脚を延長できるので、ハイスタイルにもできます。

　折りたたみチェアをそのまま大きくしたようなワンタッチタイプは、少しかさばりますが、数秒で設置できちゃう手軽さが魅力。オートキャンプにぴったりです。

ワンタッチ＆シンプル

パッと開いてパッと片付けられる手軽さが◎。収納時は1mぐらいが主流。重量は5～6kg。

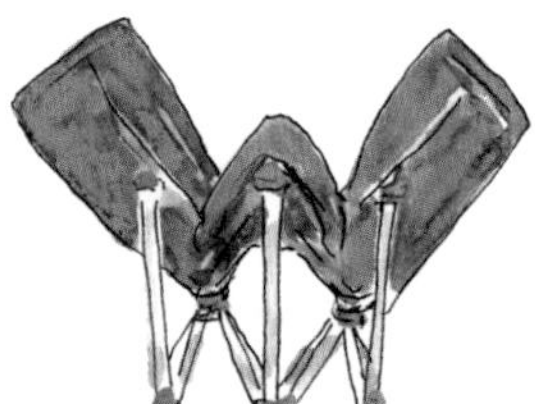

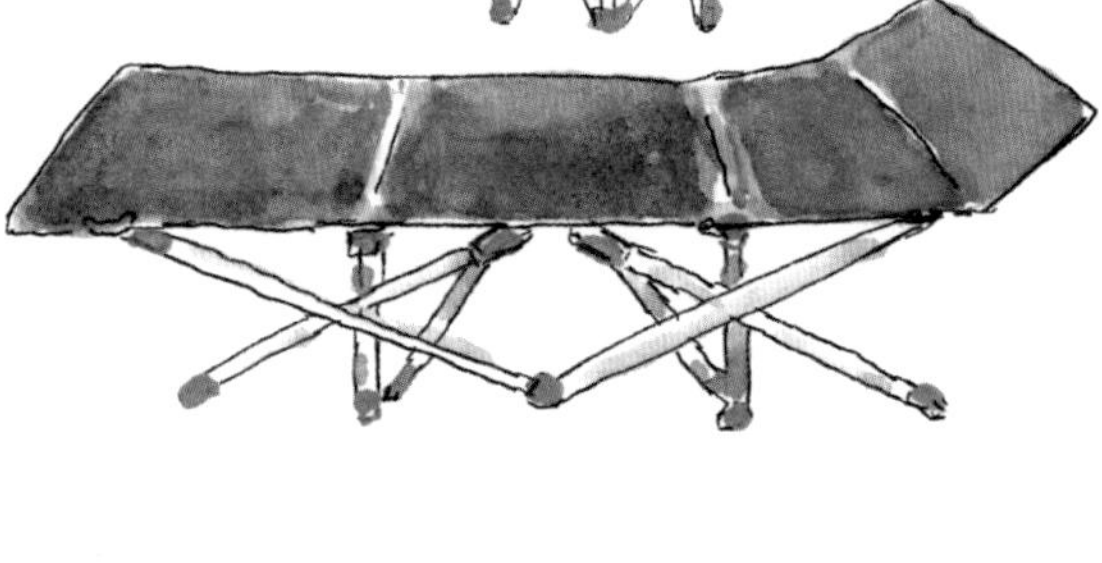

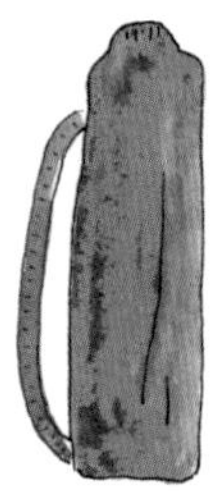

PART3 tools 062

憧れのハンモックで最強キャンパーになる

#ハンモック　#リラックス　#ひとつで二役以上　#コンパクト

ハンモックのメリット

夏でも涼しく眠ったりリラックスしたりすることができ、すぐに洗濯できる素材なのがいいところ。からだに合わせて沈むので、ハンモックで寝ると腰痛軽減になるそう。

軽くて持ち運びがラク!!

とにかく軽量で、たたんでしまえばコンパクト。荷物を減らしたいソロキャンでも大活躍する。あれこれ持っていかずともハンモック一枚で何役にも。

昼間はイスとして

足が地面に着く位置で設営すれば、ハンモックに腰かけてコーヒーを飲んだり読書をしたりできる。ロッキングチェアのようで気持ちがいい。

睡眠の質がUPする

すっぽり包まれた安心感と静かな揺れは、深い睡眠を運んできてくれる。瞑想するような気持ちで全身の力を抜き、すべての体重を預けてみよう。

ハンモック泊でリラックス

リラックスのツールとしてだけでなく、ハンモックをベッドとして使ってみましょう。ハンモックが全身を包み込んで体重を支えてくれるため、腰やお尻だけに負担がかかることがなく、からだの軽さを感じながらリラックスして眠ることができます。ななめに寝ると比較的水平な状態で眠ることも。背中に空間があるので涼しく、寝苦しい時期でも快適に過ごせます。

地面の状態を気にしなくていいのも利点。雨の日はタープを張り、虫が気になる季節は蚊帳をかけるなど、ハンモック周辺アイテムもそろっています。木がない環境で使いたい場合は自立式のハンモックもあります。テント泊では味わえない楽しさと癒しが待っていますよ。

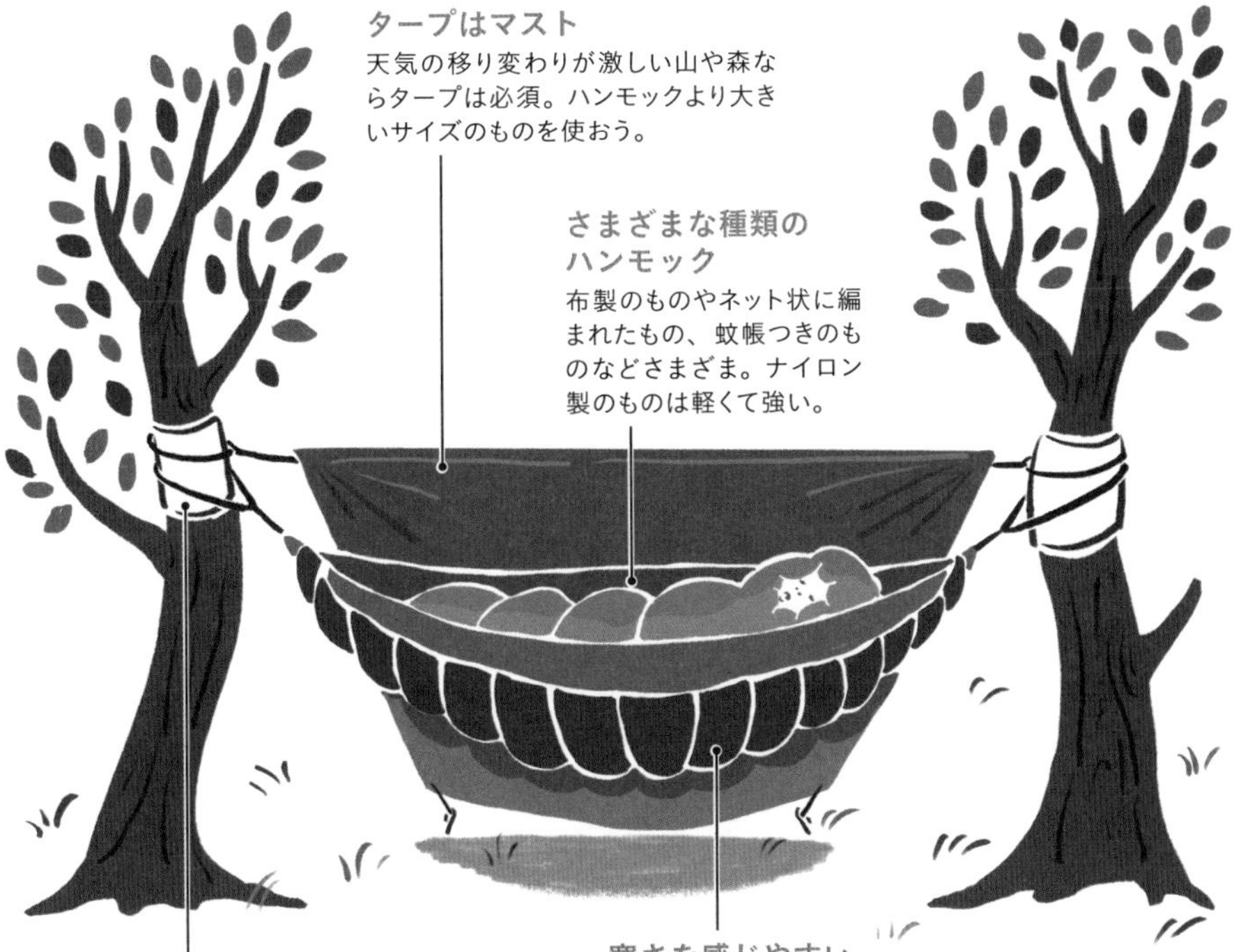

タープはマスト
天気の移り変わりが激しい山や森ならタープは必須。ハンモックより大きいサイズのものを使おう。
さまざまな種類のハンモック
布製のものやネット状に編まれたもの、蚊帳つきのものなどさまざま。ナイロン製のものは軽くて強い。
木の負担も考えて
ひとり分の体重を支えてもらう木には負担がかかる。太さ2cm以下のロープ（ストラップ）を結ぶ場合は事前にタオルや保護パッドを使おう。
寒さを感じやすい背中は暖かく
口と鼻だけ出して全身を覆う。背中側にも空気が抜けるので、アンダーキルトと呼ばれる防寒具でお尻や背中側の防寒対策は特にしっかりと。

PART3 tools 063

ピッタリ合うと気持ちイイ！シンデレラフィットを探す

#シンデレラフィット #収納 #コンパクト

見つけ方のコツ

1. 自分の掌や指を基準にして測る
2. 寸法を測る＆型紙を作る
3. 実物を持ち歩く

シンデレラフィットとは

全然違うメーカーの商品同士が、なぜかピッタリとフィットしてしまう。それが「シンデレラフィット」。収納や持ち運びに便利なのはもちろん、ハマったときの快感は格別です。

たとえば保存容器がメスティンの中にピッタリ入り、そのメスティンが100円ショップの保冷バッグにピッタリ収まって収納カバーになっちゃうなど、奇跡の連続で使い勝手のいい組み合わせができたらとても気持ちがいいわけです。

とにかく試して シンデレラフィットを探す

どうやってフィットするアイテム同士を探すのか。これはひたすら試すしか方法はありません。家にあるもの同士を合わせてみたり、型紙を作ってお店で合わせてみたりなど、試行錯誤の先に奇跡のフィットが生まれているのです。理論派なら綿密に寸法を測って比較してからアイテムを実際に合わせるということ自体が楽しみになるでしょう。直感派なら、勘を頼りにトライして、フィットしたときの快感を楽しむこともアリでしょう。

探す場所は商品の種類やサイズが豊富な１００円ショップや無印良品がオススメです。

ひとつ気をつけたいのは、フィットありきで実用を忘れてはいけないということ。いくらちょうどいいからといって、あとで食事に使うボトルにペグを詰め込んで運ぶ、などというのはNGですね。

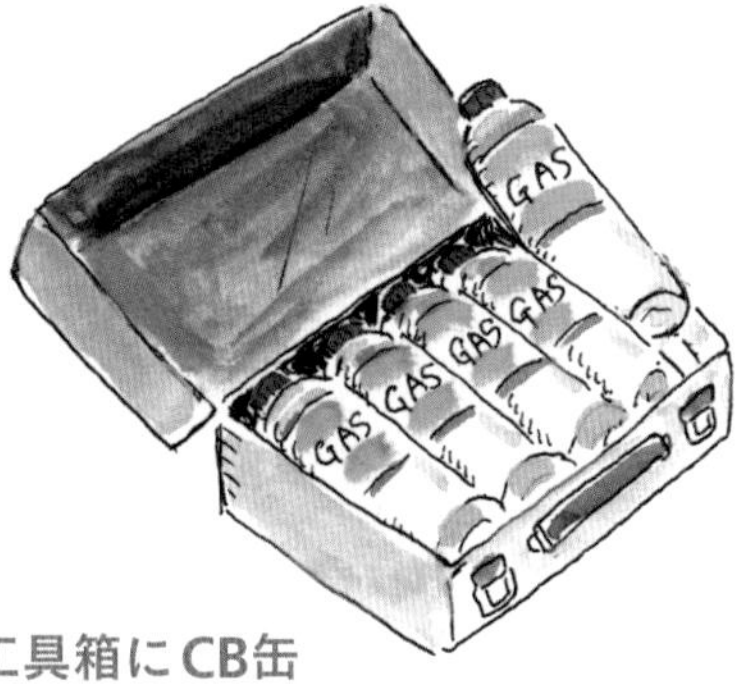

工具箱にCB缶

無印良品で売られているスチール製工具箱は、カセットガスの缶がぴったり入るサイズだ。

ケトルにクッカー

ケトルの口にピッタリフィットするクッカー。コンパクトに持ち運べ、熱燗にも活用できる。

OD缶にサポーター

キャンプ用ガスのOD缶に100円ショップの膝／肘サポーターをかぶせれば、サビもつきにくく運搬時も静かに。

PART3 tools 064

せまいテーブルを有効活用する

#収納 #スペース #テーブル #サイトづくり

キャンプは思ったよりも道具が多い

ウェブや雑誌で見かけるキャンプの写真は、厳選されたお気に入りのアイテムだけをテーブルに置いて、優雅なひとときを過ごすという感じですが、実際はもはや戦場。食材から調味料、各種工具&調理器具が入り乱れて、何をするにも置き場が足りないのが現実です。工夫して考えながら整理しつつやればいいのかもしれませんが、慣れないフィールドではいつもどおりにはできません。やはり物理的にスペースを拡張するのが、近道なのでしょう。

サブテーブルを増やして作業スペースを確保

メインテーブルは物置きではなく、作業スペースとしていつも大きく空けておくのが、快適でおしゃれなキャンプのコツです。

そのためにも、メインテーブル以外にアイテムやツールを置いておけるスペースを増やしていきます。

コンテナの上面に板などをつけてテーブルとして使えるようにしたり、コンパクトテーブルなどの小さく折りたためるものをサイトの脇に設置するのもいいでしょう。また、ふろしきサイズぐらいのグラウンドシートを持っておいて、必要に応じて地面に敷くのもなにかと便利です（座ることもできます）。サブスペースがあれば、食事が済んだ食器をすぐそこに移すなど、メインテーブルを最大に生かせます。

コンテナテーブル

プラコンテナの上面は、何もなかったり凸凹しているが、板を取り付ければフラットで使いやすくなる。

コンパクトテーブル

普段はトレッキングのお供の小型テーブルも、キャンプではサイドテーブルとして活躍できるだろう。

ふろしきシート

ちょうどいい手頃なサイズのシートがあれば、柔軟かつ立体的にキャンプサイトを活用できる。

PART3 tools 065

快適スマートキッチンを作る

#キッチン #スペース #サイトづくり

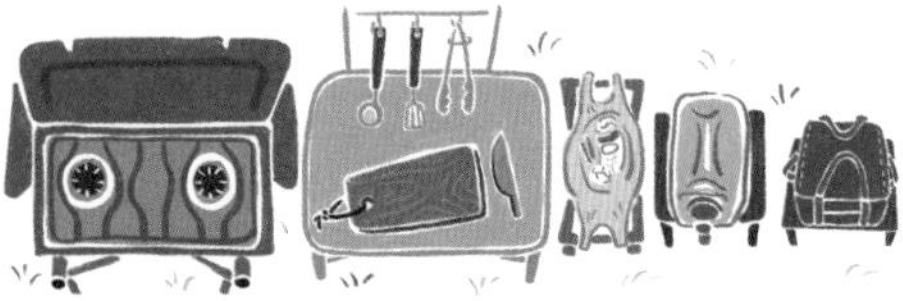

横置きスタンダードスタイル

すべてを横一列に並べるスタイル。キッチンテーブルを中心に、普段のキッチンに近い感覚で作業できる。

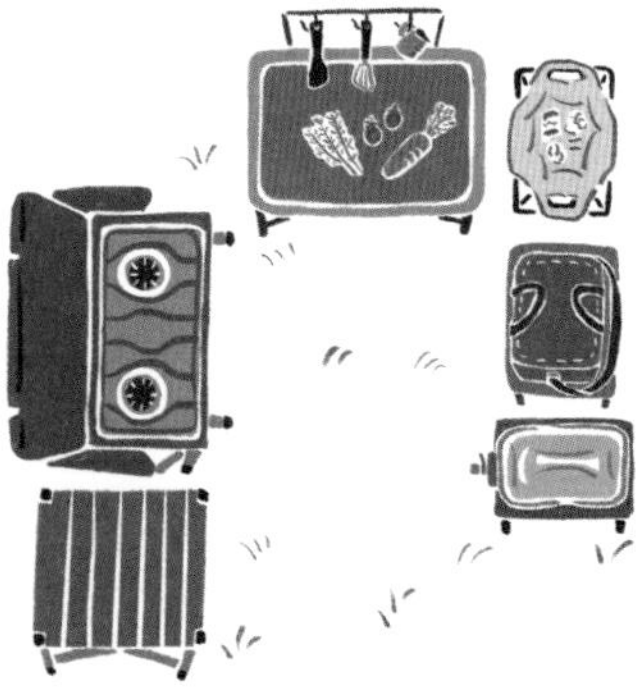

ワンオペ クイックスタイル

中に入ってひたすら調理を楽しむスタイル。手元スペースが不足しがちなのでサイドテーブルを拡張したい。

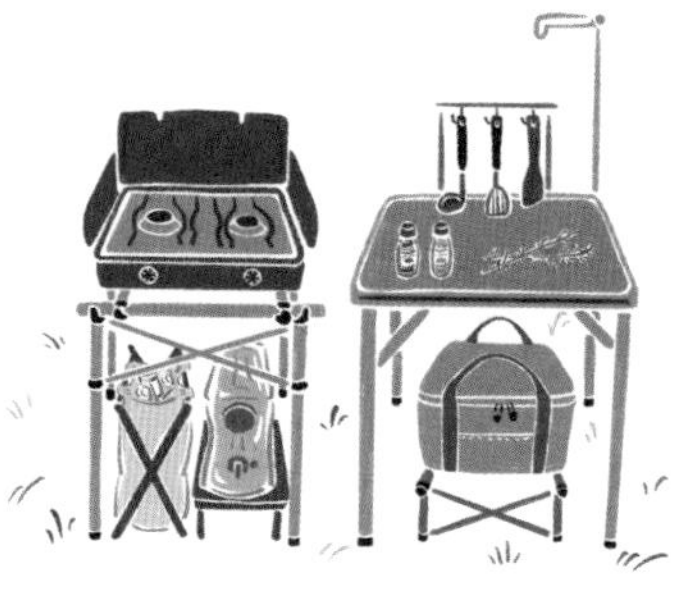

縦置き アイランドスタイル

幅をコンパクトに収めたスタイル。移動が少なく、アクセスもしやすいのがポイント。メインテーブルと行き来しやすい。

キッチンは動線重視で スマートに配置

誰が使うか、何人で使うかで、キャンプのキッチンスタイルも変わります。複数人が調理するなら横一列のスタンダードなスタイルがベスト。しかし、ひとりでじゃんじゃん料理するなら、横の動きの少ないスタイルがオススメ。集中したいならぐるっと取り囲むワンオペ方式もいいですし、家族とコミュニケーションを取りたいなら、コンパクトにまとめたアイランドスタイルもあります。動きの効率を考えて、自分のスタイルを発見しましょう。

PART3 tools

066

キャンパー必須アイテム シェラカップを使いたおす

#シェラカップ #ひとつで二役以上 #便利な調理器具

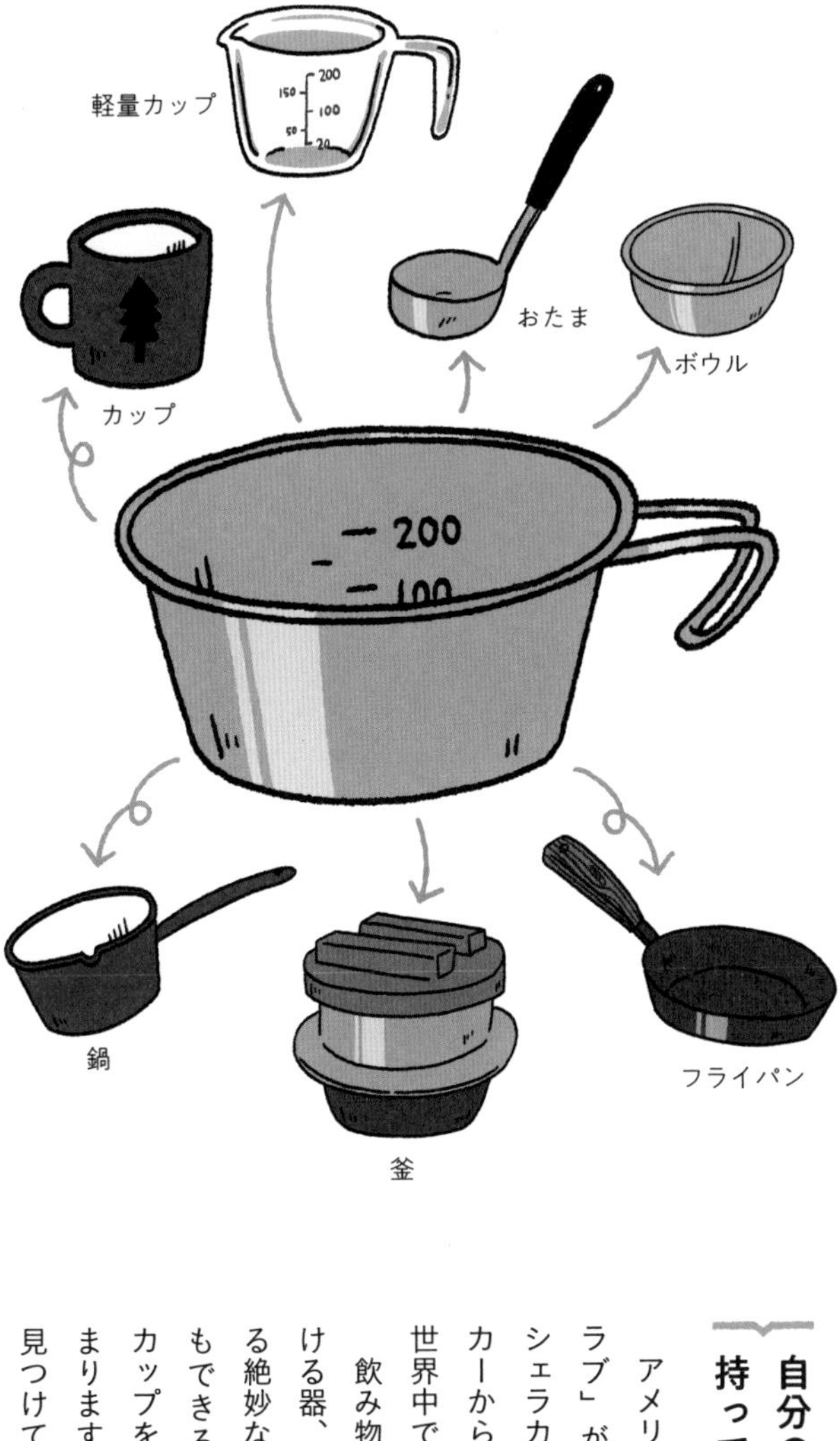

自分のシェラカップを持ってからがキャンパー

アメリカの自然保護団体「シエラクラブ」が会員に配布した物が由来のシェラカップ。今ではさまざまなメーカーから販売され定番アイテムとして世界中で愛されています。

飲み物を飲むカップ、食事をとりわける器、さらに調理器具としても使える絶妙なサイズ感と形状。そして炊飯もできる奥深さ。自分専用のシェラカップを手にすると、気分が一気に高まります。ぜひお気に入りのカップを見つけて育ててみてください。

PART3 tools 067

万能調理器スキレットを使いこなす

#スキレット #ひとつで二役以上 #便利な調理器具

ダッチオーブンに
蓋も鋳鉄なら、上下から加熱できてダッチオーブン代わりになる
鍋として
少し深めなら煮物やカレーも作れる
蓋付きをチョイス
深めがオススメ
鉄板として
焼き肉やステーキなど鉄板料理にももってこい
フライパンに
炒めものに目玉焼きなど、いろいろな料理に使える

スキレットひとつでなんでもできる

クッカーセット一式にダッチオーブン、フライパンも別で持ち込んで、結局使わずに持ち帰るなんてことになっていませんか？　最初のうちはそれでもよいですが、慣れてきたら思い切ってスキレットで全部まかなうキャンプにチャレンジしてみては？　蓋付きで少し深めのスキレットなら、それひとつで鍋からフライパン、ダッチオーブンまで全部代用できてしまいます。そのままおしゃれな器として使えるのもうれしい点です。

さらに広がる スキレットのあるキャンプ

小型のスキレットを人数分用意すれば、そのままおひとり様用ステーキプレートに。焚き火台に並べてお肉を焼き、そのまま焼き立てをじゅうじゅうと豪快なステーキを楽しめます。夕食後のおつまみタイムにはオリーブオイルでアヒージョをいただくのもいいでしょう。朝にはひとりワンプレートで目玉焼きを作り、トーストを添えておしゃれブレックファーストを気取っても◎。

鋳鉄製のスキレットはお手入れが大変、というイメージもありますが、意外と簡単。使用後に洗剤をつけずに水洗いし、火にかけて水分を飛ばしたあと、食用油（オリーブオイルなど）をキッチンペーパーなどで塗っておけば大丈夫です。

ステーキ皿として

小振りなスキレットを焚き火台に並べて一気にステーキを焼こう

アヒージョにも

ほどよい大きさで、アヒージョも楽しめる

スキレットのお手入れ

❶ 洗う（洗剤なし）

❷ 水分を飛ばす

❸ 食用油を塗る

PART3 tools 068

新たなブーム 中華鍋で焚き火料理をする

#中華鍋 #ひとつで二役以上 #便利な調理器具 #焚き火

豪快に焚き火料理
ができる！
炒める以外も
なにかと使える！

キャンプで中華鍋

キャンプで使う中華鍋は、17cmぐらいの片手タイプが便利。炒めものがしやすい専用のおたまもセットで用意しよう。

焚き火の火力を受け止める中華鍋の存在感

キャンプに中華鍋。ややミスマッチな組み合わせが最近流行の兆し。ダッチオーブンに代わる定番クッカーとして、中華鍋が注目されています。焚き火の強力な火力をしっかり受け止めて、豪快なクッキングを可能にする中華鍋は、キャンプシーンに不思議とフィットするのです。アウトドア向けの中華鍋セットも登場して、これからますます普及するでしょう。大自然の中で豪快に中華鍋を振るうワイルドなキャンプをお試しあれ。

ザックにフィット

中華鍋の丸みが、ザックに絶妙にフィット。トレッキングスタイルのキャンプにも連れていけます。

蒸し器に

せいろなどはなくても100円ショップの万能蒸し器があれば蒸し物ができる。蓋は中が見えるタイプがオススメ。

燻製器に

専用の燻製器がなくても、おいしい燻製が簡単に。中華鍋の丸みが、燻製づくりに適している。

中華鍋の多様性で増えるレパートリー

炒め物ばかりが中華鍋の得意分野ではありません。丸い鍋底は火が均一にあたって熱効率が非常によく、深さもあるので煮たり、ゆでたりも素早くできます。

あるいは、アルミホイルを敷き、そこにサクラなどの燻製チップを置きます。上から丸い焼き網を乗せ、チーズやソーセージ、はんぺん、ゆで卵（殻はむく）などの食材を置きます。蓋をのせて火にかければ燻製器として使えます。

また、水を張った上に、万能蒸し器を広げてアルミホイルを重ね、食材を置きます。蓋をすれば簡単に蒸し器にもなります。蒸しパンなどのおやつも楽しく作れるので、ファミリーキャンプで大活躍できます。

PART3 tools 069

ベストなクーラーボックスを選ぶ

#クーラーボックス #収納 #コンパクト #キッチン

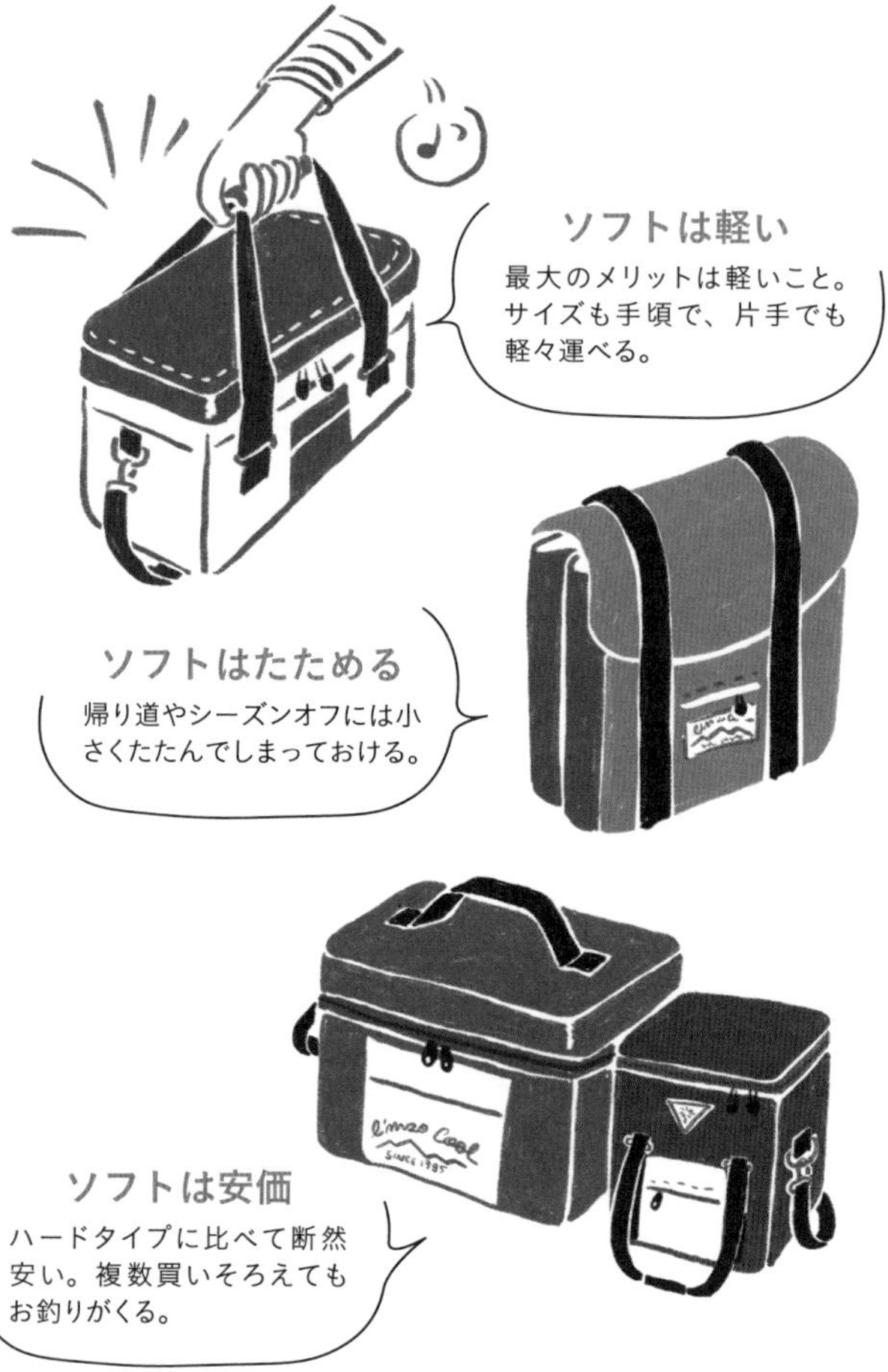

ソフトは軽い
最大のメリットは軽いこと。サイズも手頃で、片手でも軽々運べる。
ソフトはたためる
帰り道やシーズンオフには小さくたたんでしまっておける。
ソフトは安価
ハードタイプに比べて断然安い。複数買いそろえてもお釣りがくる。

ハードよりソフト クーラーボックス新時代

キャンプのクーラーボックスといえば大きなハードタイプがステータスだった時代はありました。しかし、技術が進歩しソフトタイプのクーラーボックスの性能が向上して、今や利便性でソフトタイプをチョイスできる時代になりました。ソロキャンプや短期間・少人数のキャンプが多くなってきたこれからのキャンプシーンでは、軽くて安くてフレキシブルなソフトタイプのクーラーボックスの出番が増えていくでしょう。

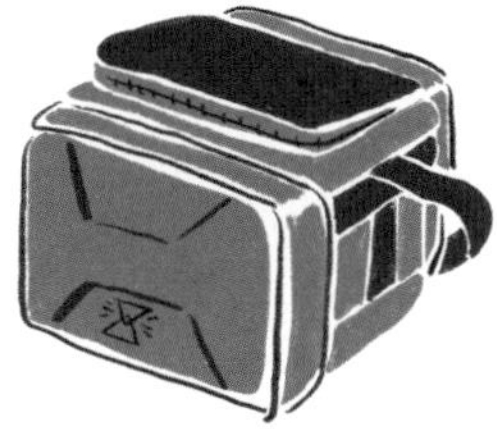

トートバッグタイプ
トートバックそっくりなモデルもある。普段のお買い物にも使えて大活躍。

シェルタイプ
最新のシェルタイプ。折りたたみができるのに、ハードに匹敵する保冷性能を誇る。

ボックスタイプ
もっとも一般的なタイプ。コンパクトにたためて、デザイン性の高いものが多い。

置き方にも工夫
チェアやベンチ、スタンドなど少し高い位置に置き、上からアルミシートをかぶせれば、さらに長時間冷気を保つことができる。

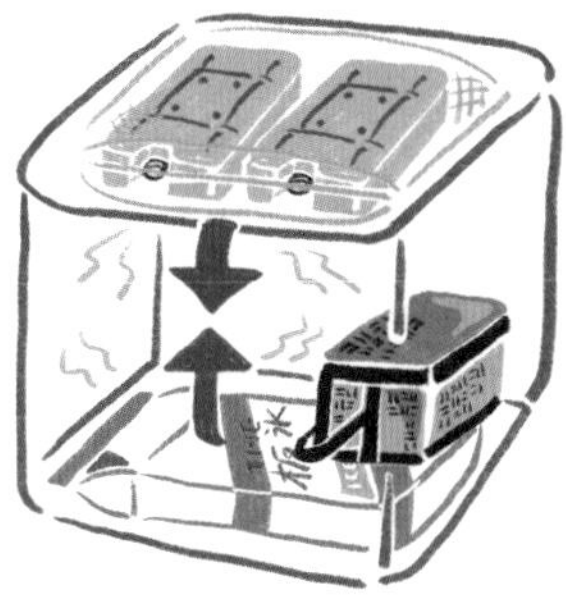

保冷剤配置テクニック
保冷剤は上下に配置して、冷気でサンドするのがベター。肉などは小型のインナーボックスに収めておく。

ソフトタイプを最適に使うテクニック

かつてよりはだいぶ高性能になったとはいえ、ハードタイプと比べてしまうと、ソフトタイプのクーラーボックス（クーラーバッグ）である以上はどうしても保冷性能に限界があります。中に何を入れるかによって、タイプを使い分けたり、保冷剤の使用方法を工夫したりして保冷性能を十分に引き出しましょう。

　傷みやすい肉類などは小型のクーラーバッグに入れてからクーラーボックスの中に収めれば二重に保冷でき、蓋の開け閉めでの冷気ロスの影響も最小限にできます。また、上からアルミシートをかぶせたり、置き台などで少し高い位置にしたりすれば、外気や地面からの熱の影響を抑えることができます。

PART3

tools

070

キャンドルの揺らぎに癒される

#キャンドル #ランタン #リラックス #夜時間

キャンドルランタン
ティーライトキャンドルを使用する小型のランタン。2000円前後からある。

しくみは簡単
上のパーツを外して中にティーライトキャンドルを入れて戻し、ライターなどで点火するだけ。シンプル。

キャンドルランタンの光が優しいテントサイト

食事や片付けが終わった夜のリラックスタイム、ガスランタンやLEDランタンの煌々とした光では、ゆったりくつろぐには少し明るすぎ。焚き火もいいけど後始末が大変。そんな人には、ローソクを使ったキャンドルランタンの、柔らかい光がオススメです。ほのかに手元だけ照らし、ゆらりゆらりと光と影が舞うさまは、キャンプ本来の癒やし空間にほかなりません。安価で消火もお手入れも簡単ですから、気軽に試せるのも魅力です。

ティーライトキャンドルをカスタマイズしよう

キャンドルランタンに使用する「ティーライトキャンドル」は100円ショップなどでも簡単に入手できます。キャンプ用のものとしては虫よけアロマタイプもありますが、ちょっと手を加えてカラーやアロマをカスタマイズしたオリジナルのキャンドルを作ってみては？

ティーライトキャンドルは、芯をつまんで引っ張れば簡単にアルミカップからロウを取り出せます。芯も裏側の基部を引けばするっと取れます。これを80℃以上のお湯で湯煎して溶かし、アロマオイルや削ったクレヨン（ローソクとほぼ同じ原材料）を混ぜて、元のカップに芯を立てて流し込めばあとは冷えるのを待つだけ。キャンプサイトで作っても楽しいですね。

キャンドルのカスタマイズ

❶ ロウを取り出す

アルミカップを持ち、芯をゆっくり引っ張ると抜ける。芯は裏側から丸い基部を引くと、するっと抜ける。

クレヨン

好きな色のクレヨンをカッターなどで削って混ぜて着色する。クレヨンはロウと同じようにさらさらに溶ける。

アロマオイル

ラベンダーやシトラスなどお好みのアロマオイルを数滴混ぜて香りをつける。

❷ 湯煎する

ボールなどに入れたロウを80℃以上のお湯に浮かべてあたためる（火は止める）。ロウは60℃以上ぐらいで溶けてさらさらになる。

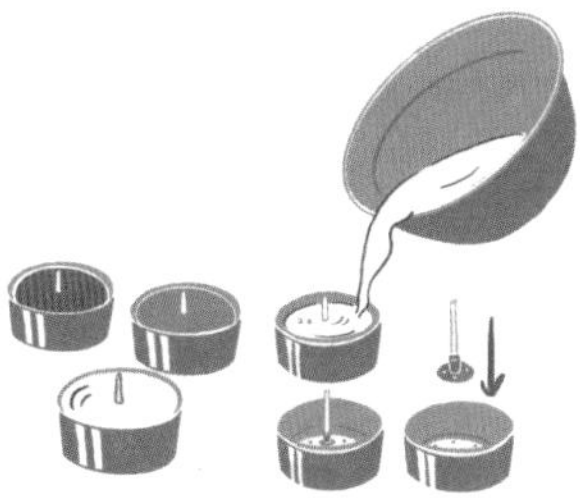

❸ カップに戻す

❶のカップに芯を立て、❷のロウを流し込む。30分ほどで冷めたら完成。

あると便利な保温ボトルを使う

#保温ボトル #朝時間 #ドリンク

保温ボトルに期待するもの

BOTTLE
キャップがコップに
熱いものを飲むときはキャップをコップにしたほうが飲みやすい。
注ぎ口の広さ
氷を入れるとき、洗うときなどを考えると注ぎ口は大事。
頑丈さ
アウトドアでハードに使っても壊れないタフさは重要。
保温力
「〇時間〇℃以上」などメーカー発表のスペックをチェック。

前夜沸かしたお湯が朝、まだあたたかいしあわせ

アウトドアではほしいときにすぐにお湯は沸きません。寒い朝にホットコーヒーがほしいと思ったとき、前夜沸かしたお湯がポットでまだあたたかければ、きっとしあわせな気分で一日を過ごせるでしょう。もちろん冷たいものは冷たいまま。氷も溶けにくい。

保温ボトルは多くのメーカーから出ていますが、キャンプサイトで使う大きめのもの（1ℓ）と、トレッキングなどに持ち出す小型のもの（500㎖ぐらい）を使い分けると便利です。

なにかと便利なカラビナを取り入れる

#カラビナ　#ひとつで二役以上

便利な使い方いろいろ

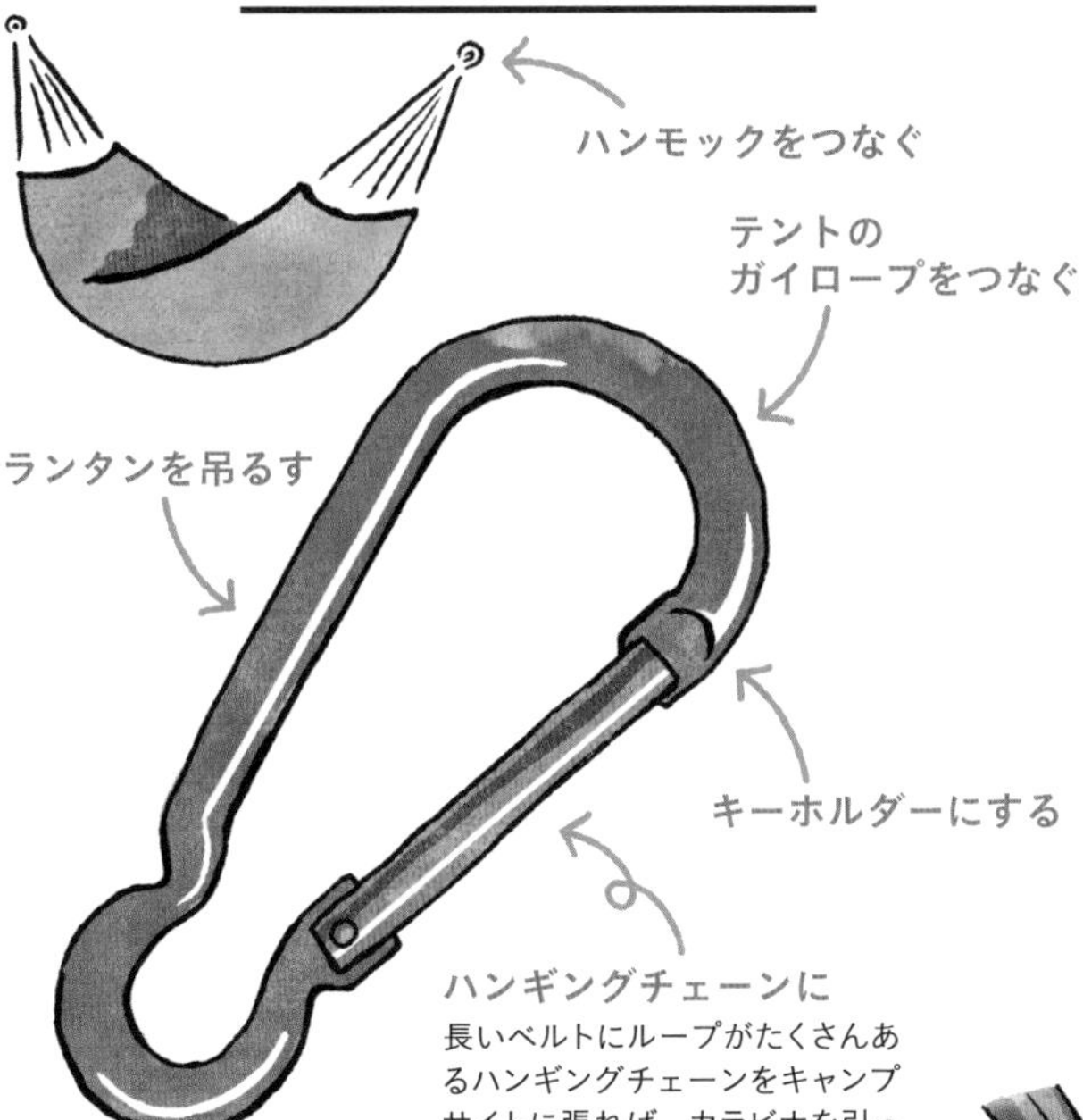
ハンモックをつなぐ
テントのガイロープをつなぐ
ランタンを吊るす
キーホルダーにする

ハンギングチェーンに
長いベルトにループがたくさんあるハンギングチェーンをキャンプサイトに張れば、カラビナを引っ掛けて便利に使える。

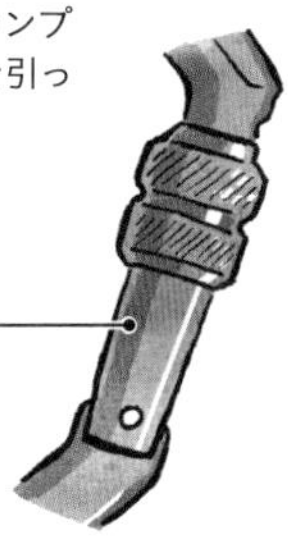

ロック付きもある
カラビナのゲート（動くところ）にネジ式などのロック機構を備えるものもある。確実に締めたいときに使う。

カラフルでコレクションも楽しいカラビナ

金属製のリングの一部（ゲート）が開閉できるようになっているカラビナ。元は軍用アイテムだったものが登山具として普及して、今ではアウトドアの定番アイテムに。ロープをつないだり物を吊り下げたり、ロックができるS字フックのような感覚で便利です。登山用の本格カラビナには耐用重量（kN）が書かれていますので、ハンモックなどを支えたい場合は確認しておきましょう。形や色もさまざまでコレクションしても楽しいかも。

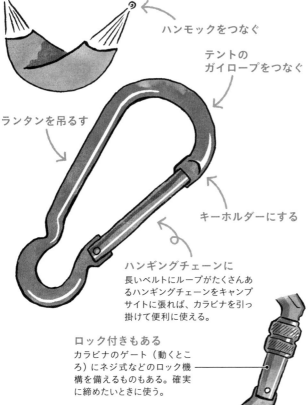

PART3 tools 073

ベテランキャンパーオススメの着火剤を選ぶ

#着火剤 #焚き火 #炭火 #火起こし

固形タイプ

ホームセンターなどで手軽に手に入る主流の着火剤。安くて手軽で確実という着火剤のエース。

マッチタイプ

先端がマッチになっていて、こすって着火すると軸の着火剤が燃えるというスグレモノ。スマートに着火できたらかっこいい。

液体タイプ

固形に比べて火力が強い液体タイプ。チューブなどから出して使うタイプもあるが、燃えているところに追加するのは引火して危険。使うなら小袋タイプのほうがいい。

ベテランは固形タイプで速やかに着火する

炭や薪への着火に何を使うかは、多くのキャンパーが試行錯誤を続けていますが、ベテランほど「文化たきつけ」のような固形タイプに落ち着く傾向にあります。安価で、袋から出して割るだけという手軽さと燃焼時間の長さが支持の理由。中でもおがくずなどに灯油などを混ぜて固めたタイプは、よく燃えるので薪に着火しやすく人気。ただ匂いが強いという面もあるので、調理する場合は完全に着火剤が燃え尽きてからにするといいでしょう。

PART3 tools 074

ワンバーナーを使いたおす

#ワンバーナー #キッチン #コンパクト #ソロキャン

ワンバーナーを中心にオプションで固めたい

重装備のオートキャンプならツーバーナーなどそろえて本格的にというのが主流ではありますが、慣れてくるともっと気軽に週末キャンプを楽しみたい気分にもなります。コンパクトなワンバーナー（シングルバーナー）を中心に、折りたためるギアを組み合わせれば、軽装でも本格的なキャンプ料理を楽しめます。普段のキャンプでも、テーブルに出してチーズフォンデュの加熱に使ったりと、料理の幅が広がります。

ワンバーナーをフル装備で

まず風防は必須アイテム。ウッド系のテーブルで使用するなら断熱シートも用意したい。ガス缶カバーは冬場は欲しい。

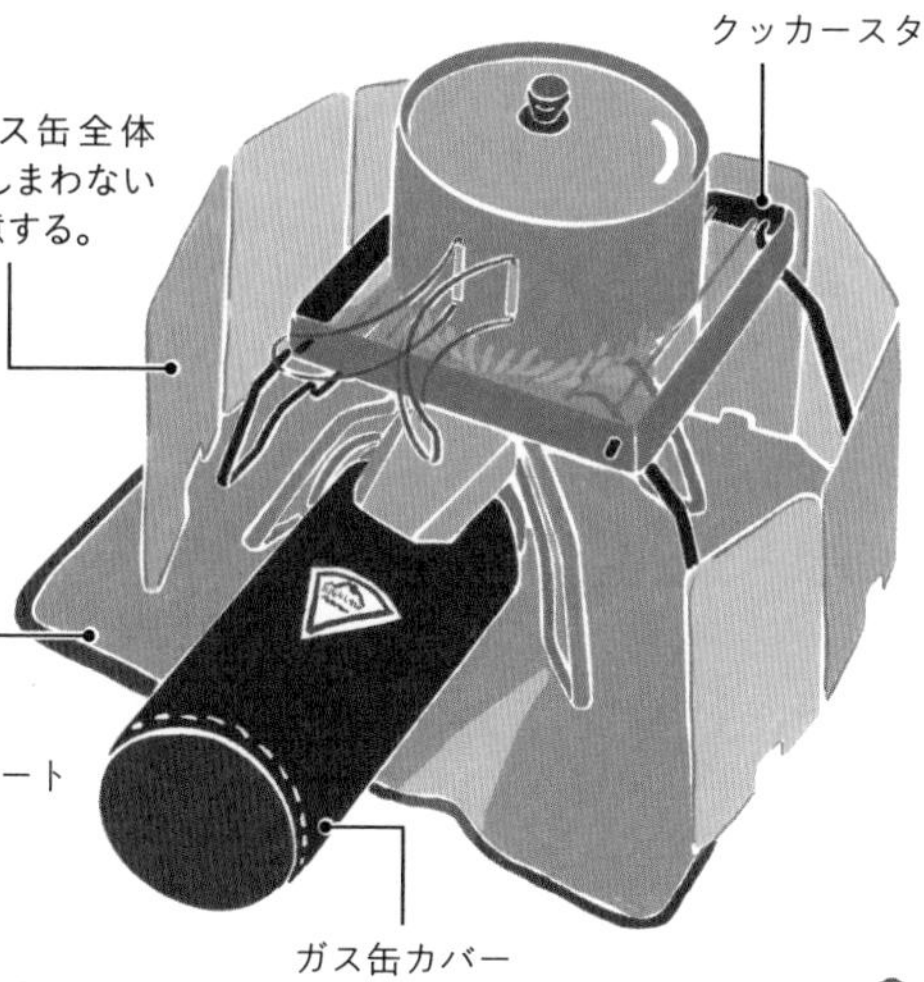

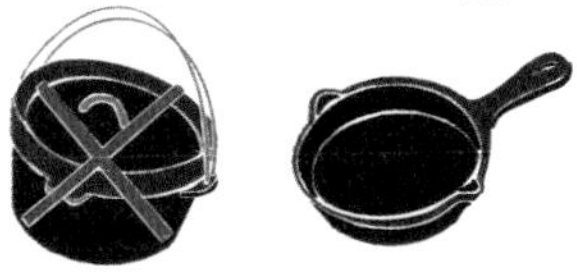

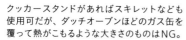

クッカースタンドがあればスキレットなども使用可だが、ダッチオーブンほどのガス缶を覆って熱がこもるような大きさのものはNG。

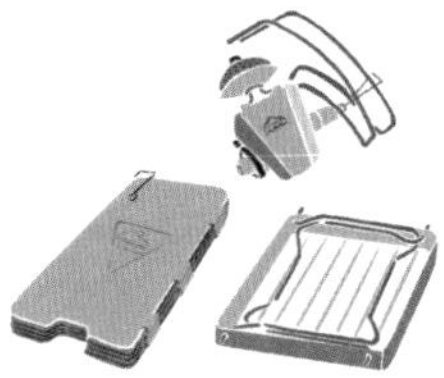

たたむとコンパクトに

PART3 tools 075

前夜に簡単クラフト
アルコールストーブを自作する

#DIY #ソロキャン #ワンバーナー #アルコールストーブ #キッチン

マイアルストを空き缶2つで作る

コンパクトに持ち運べて簡単な料理ができるアルコールストーブ（アルスト）を自作してみましょう。材料は空き缶2つだけ。カットして、穴を開けて、組み立てれば完成です。

組み立てるコツは、なるべくスキマがないように調節すること。カットしたフチを紙やすりで整えるのも有効です。アルコール燃料の火は見えにくいこともあるので、取り扱いには十分に注意しましょう。使用中の燃料継ぎ足しはNGです。

アルコールストーブの作り方

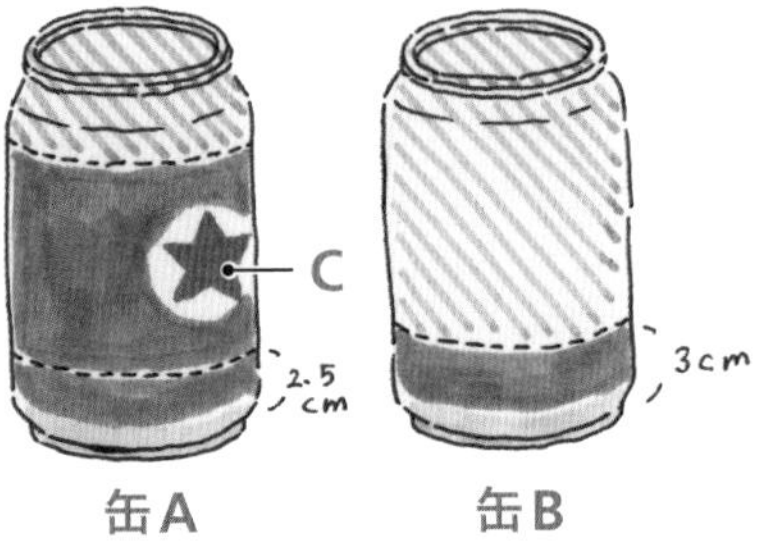

材料

- 350mlアルミ缶…2つ

作り方

- カッター
- 金切りバサミ
- 画鋲
- ペンチ
- 油性ペン

❶缶を切る

アルミ缶の底側を3cmと2.5cmの高さに切る。片方の缶は上側をカットして真ん中部分を切り出す。

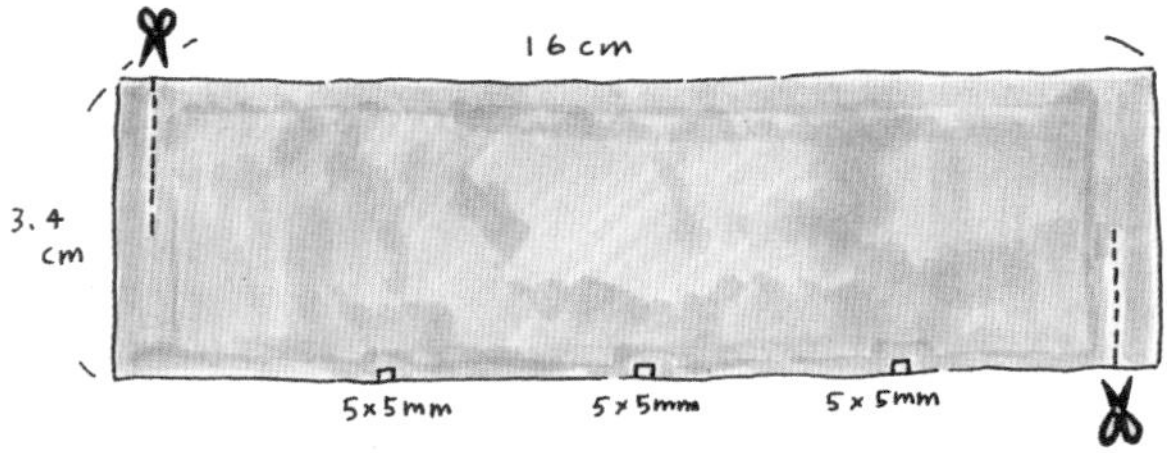

❷Cを帯状にしてカット

切り出した真ん中部分を切って帯状にし、寸法通りにカットする。両端は上からと下からに半分ずつ切り込みを入れる。下端には3等分になる位置に5mm角の切れ込みを入れる。

❸ 底を抜く

缶Bの底を丸く抜く。画鋲で細かく穴を開けてつなぐとよい。

❹ 穴をあける

缶Bの底のサイドに画鋲で穴を開ける。均等に32の穴を開けていく。

❺ すそをしぼる

缶Bのカットした側をペンチでぐるっと一周しぼっていく。缶AにハマるぐらいでOK。

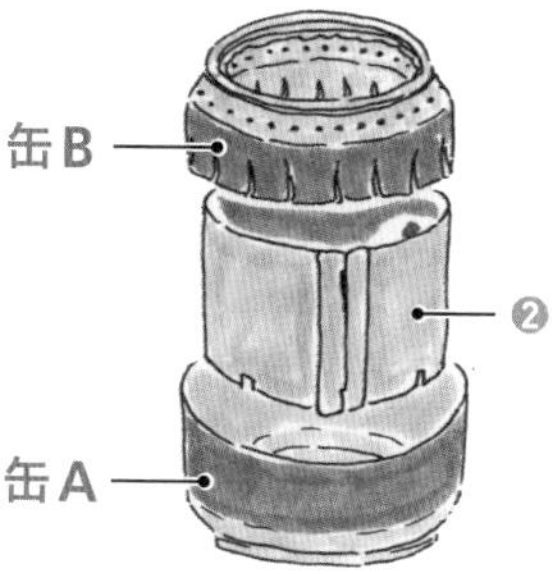

❻ 組み立てる

缶Aの中央に、切込みを合わせて筒状にした❷を立てる（5mm角の切り込みを下側にする）。上から缶Bをはめ込んで、スキマがないように整える。

使い方

❶ 燃料を注ぐ

アルストの中央にアルコール燃料を注ぐ。30mℓほど入れる。

❷ 中央に着火

中央にガスマッチなどで着火する。中心が熱せられると32の穴から炎が出てくる。

注意事項　途中で燃料を継ぎ足さない。／周囲に燃えやすいものを置かない。／大きなクッカーを使用しない。

PART3 tools 076

キッチンテーブルを自作する

#DIY #キッチン #テーブル #スペース

材料（1台あたり）

- ソーホースブラケット …4個（2セット）
- 2×4材…6本（脚4梁2）
- 天板…1枚
- ビス（木ネジ）…48本

2×4材は約3.8×8.9cmの決まった太さと形状の木材で、ホームセンターなどで長さ約1820cmまたは約2438cmで売られている。天板は1枚板でもいいが、数枚を横につなぐ方法もある。

ソーホースブラケット
脚を作るための金具。2個セットでホームセンターなどで入手できる。3.1mmφで4.1cm長のビスがちょうど合う。少し細くて短くても差し支えはない。

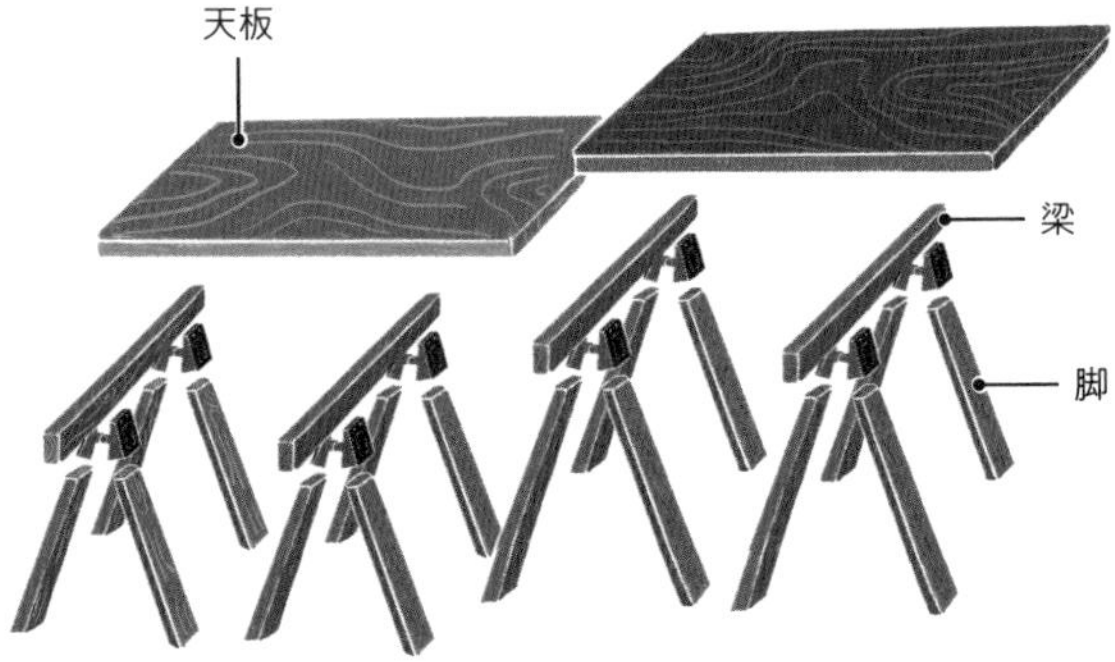

①プランを考える

大きさや高さなど手持ちのギアに合わせて構成を考える。自宅キッチンを基準に少し高めにしておくとよい。梁の長さは天板の幅より少し短めが使いやすい。ホームセンターで木材を買うときに決めた長さにカットしてもらうとラク。

自作キッチンテーブルで理想の調理スペースを構築

慣れないキャンプサイトではいつもどおりに手際よく調理をするのは難しいものです。せめて自分に合ったキッチンテーブルがあれば……ということでキッチンテーブルを作ってしまいましょう。使う人の身長か手持ちのギアに合わせて理想形を作り上げましょう。キャンプサイトでは靴を履くので、自宅のキッチンより少し高めの設定で作るのがいいでしょう。木材のカットや電動工具の貸し出しサービスのあるホームセンターを利用して。

ソーホースブラケットで手軽にラック製作

ソーホースブラケットを使えば誰でも簡単にテーブルの脚を作ることができます。キッチンのプランをまとめたら、2×4材をカットし、ソーホースブラケットにビス止め。梁を渡して横方向を固定したら、あとは現地で天板をのせるだけです。

ソーホースブラケットと梁のビスの固定を片側だけにしておくと、折りたたみ式にできます。梁の2×4材の上面にゴムシートなどを貼り付ければ天板が安定します。天板を置く位置が決まっているなら、裏に木片をビス止めしてストッパーにすればOK。脚材の接地面は、平らになるようにカットしてもいいですが、そのままのほうが上手く地面に刺さって安定します。

② 脚をつなぐ

脚になる2×4材を好みの長さにカットし、ソーホースブラケットにビスで取り付ける。硬いときはゴムハンマーなどで叩くと入る。ビス止めは電動ドライバーがあればラクにできる。

③ 梁をつける

梁（横向きの柱）を2台の脚部をつなぐように差込み、ビスで止める。

脚の下側はカットしなくても問題ない

④ 天板をのせる

2台の脚を立て、天板をのせればできあがり。

PART3 tools 077

ワイルドなランタンハンガーを作る

#DIY #ブッシュクラフト #ランタン #ナイフ

ランタンハンガー
ポールに通して、ランタンの重みでバランスをとって吊るす。

ランタンハンガーをブッシュクラフトで作る

タープなどのポールにランタンを吊るせる「ランタンハンガー」は、あると便利なアイテムです。ランタンだけでなく、小物も吊るせます。

ブッシュクラフトでの自作に慣れてきたら、だんだんと大きなアイテムにチャレンジしてみたくなるでしょう。薪の束の中から探したり、周辺の森を散策したりして、手頃な木を見つけたら、サバイバルナイフを駆使してオリジナルのランタンハンガーを作ってみましょう。

ランタンハンガーの作り方

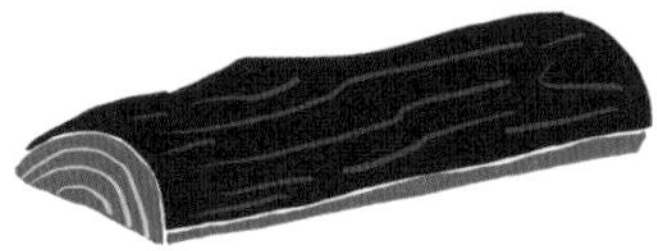

❶木片を用意する

拾った木や、手頃な薪を用意する。概ね厚みが2～3cm、長さは30～40cm、幅は使うランタンのハンドルより狭いぐらいで。

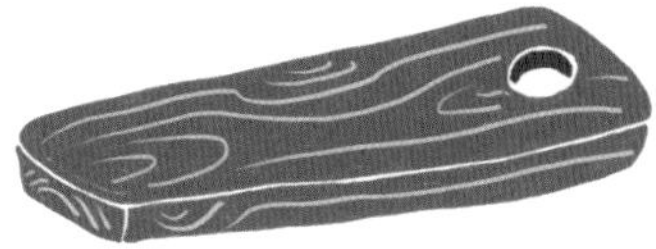

❷穴を開ける

手持ちのポールの径に合わせてナイフで穴を彫る。刃を痛めないように少しずつ円錐状に削っていく。全体の形状も好みに合わせて削って整える。

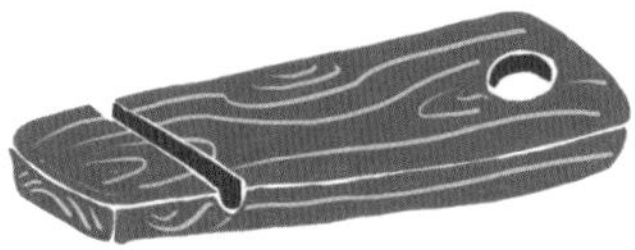

❸切り込みを入れる

ランタンのハンドルを引っ掛けるくぼみをバトニングなどで削ってつける。

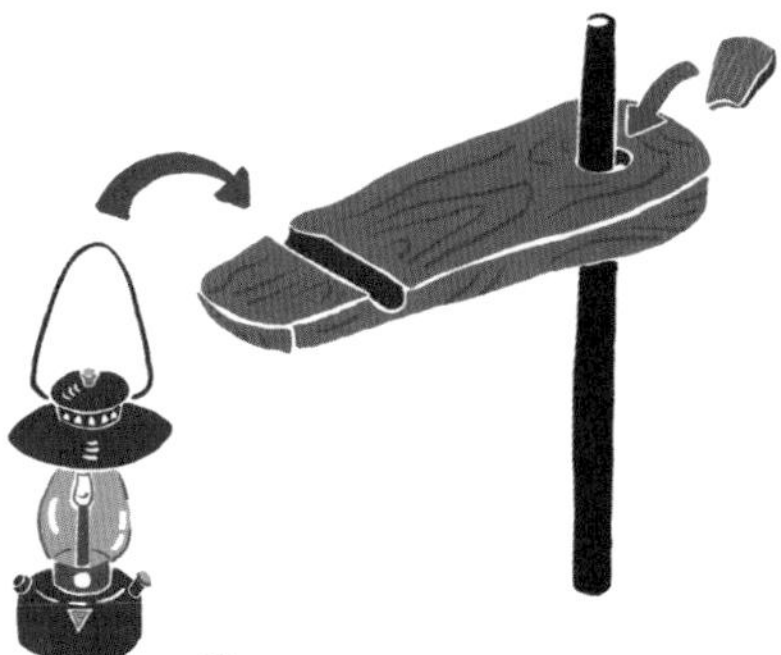

❹取り付ける

穴をポールに通してランタンを引っ掛ける。ゆるいときは木片でクサビを作ってポールとランタンハンガーのスキマに差し込む。

穴を開けるのは難易度の高いテクニック

一連の作業の中で最も難しいのは、ドリルを使わずに、木片に穴をくり抜いていくところ。ポールの太さを測りながら、ていねいにナイフで彫り込んでいきましょう。枝の節がちょうどいい位置にあればうまく使うといいでしょう。ポールを通してみて、ゆるい場合は木片を削ってクサビを作り、スキマに差し込むと安定します。パラコードなどでループを作っておけばなくさずに済みます。

ランタンハンガー全体のフォルムをどこまで削り込んでいくかはお好み次第です。拾った木片や薪のままでワイルドに仕上げてもいいですし、キャンプの回数を重ねるごとに、焚き火を眺めながら少しずつ手を加えて美しく仕上げていくのも楽しみです。

PART3 tools 078

ペグが足りなきゃ枝から作る

#DIY #ブッシュクラフト #ペグ #ナイフ

ペグの作り方

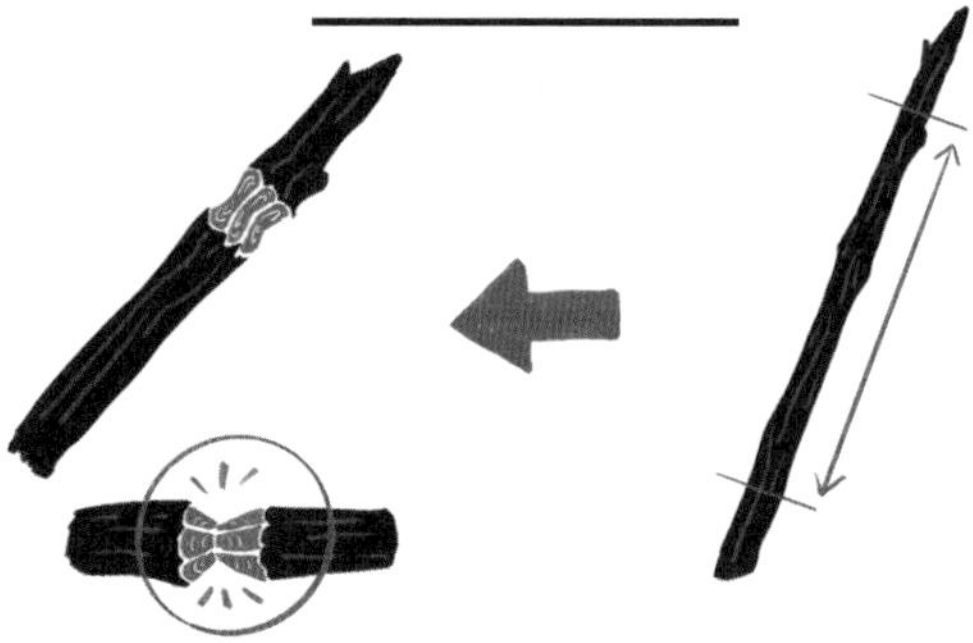

1 枝を拾う

森や林を散策して、ペグに使えそうな枝を探してくる。テント用なら15～20cm、タープ用なら30cmぐらいがちょうどいい。太さは親指程度（2cmほど）あればよい。枝のまっすぐな部分を選んで切り出して使う。

2 ぐるっと削る

カットしたいところを「Vノッチ」のテクニックで一周して切り込みを入れ、そこで折る。

3 エンドカット

折ったところの一方を平らに削る（エンドカット）。刃の先は必ず体の外側に向けて削ること。太ももの間では作業せず、上体をひねって外側でナイフを使用する。

ペグ作りで ブッシュクラフト入門

ブッシュクラフトとは、森や林で手に入れた枝や木を、ナイフで加工して楽しむこと。その入門に最適なのが、テントやタープのロープを止めておくペグ作り。キャンプサイトでテントを張ってみたら、用意してきた金属ペグが足りなかった！ なんてときは、森で小枝を拾って自作ペグで補充すれば解決です。いろいろ応用できるナイフのテクニックの練習にもなりますから、午後のくつろぎタイムなどに、コツコツとペグ作りに励んでみては？

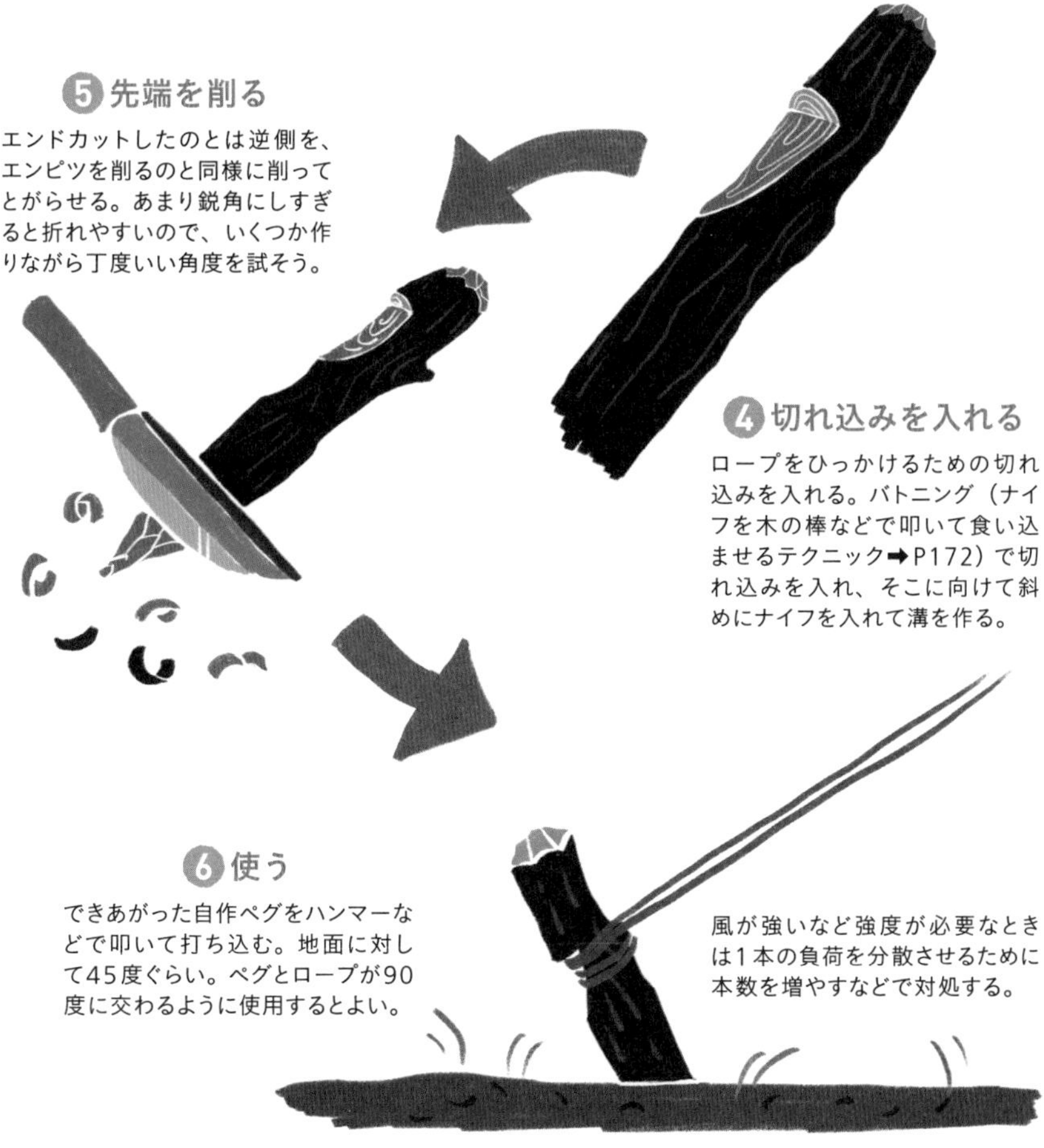

❹ 切れ込みを入れる

ロープをひっかけるための切れ込みを入れる。バトニング（ナイフを木の棒などで叩いて食い込ませるテクニック➡P172）で切れ込みを入れ、そこに向けて斜めにナイフを入れて溝を作る。

❺ 先端を削る

エンドカットしたのとは逆側を、エンピツを削るのと同様に削ってとがらせる。あまり鋭角にしすぎると折れやすいので、いくつか作りながら丁度いい角度を試そう。

❻ 使う

できあがった自作ペグをハンマーなどで叩いて打ち込む。地面に対して45度ぐらい。ペグとロープが90度に交わるように使用するとよい。

風が強いなど強度が必要なときは1本の負荷を分散させるために本数を増やすなどで対処する。

ナイフテクニックが つまったペグ作り

ペグ作りにはナイフづかいのテクニックがいくつも盛り込まれています。安全に注意してやってみましょう。

枝をV字に削る「Vノッチ」をぐるりと繰り返してV型の溝を作れば、きれいに枝を折ることができます。折ったあとは「エンドカット」をして平らにしておけば、ハンマーでも打ち込みやすくできます。また、ナイフを棒で叩いて木に食い込ませる「バトニング」をすれば、深い切れ込みも美しく作ることができます。

先端をきれいにとがらせるのは、エンピツを削るのと同じ要領ですが、歪みのある小枝を美しい円錐形にとがらせるには、練習が必要です。何本も作ってブッシュクラフトテクニックを磨きましょう。

PART3

tools

079

拾った木でトライポッドを作る

#DIY　#ブッシュクラフト　#トライポッド

森で枝を集めてトライポッドを作る

焚き火の上にダッチオーブンを直接置くと、火力が強すぎて火加減が難しい場合があります。そんなときは森や河原で手頃な枝を3本拾ってトライポッドを作りましょう。

枝はなるべく真っ直ぐなもので、太さは2〜3㎝ぐらい。焚き火台の高さにもよりますが1.5ｍほどの長さが必要です。ひびが入っていたり、腐っていそうな部分があるものは避けましょう。軽く体重をかけてみて弾力を感じればＯＫ。

準備ができたら作るのは簡単

枝先の余分な部分をカットして、使いやすいように形を整えます。

三本の枝を束ねて、片側から20㎝前後のところをロープでしばります。5～6回ほど回して、枝同士を少しひらいてクロスさせるなどして固めたら、端を結きます。足をバランスよく開いたらOK。足元は地面に差し込んだり、少し埋めると安定します。倒れたり重みでこわれたりしないか十分に確認してから使いましょう。

ダッチオーブンなどはロープで吊してもいいですが、形のいい枝が見つかったら、分かれ目を利用してフックを作りましょう。図のような位置でカットして、下側に切り込みを入れれば、ダッチオーブンのハンドルを引っ掛けることができます。

トライポッドの作り方

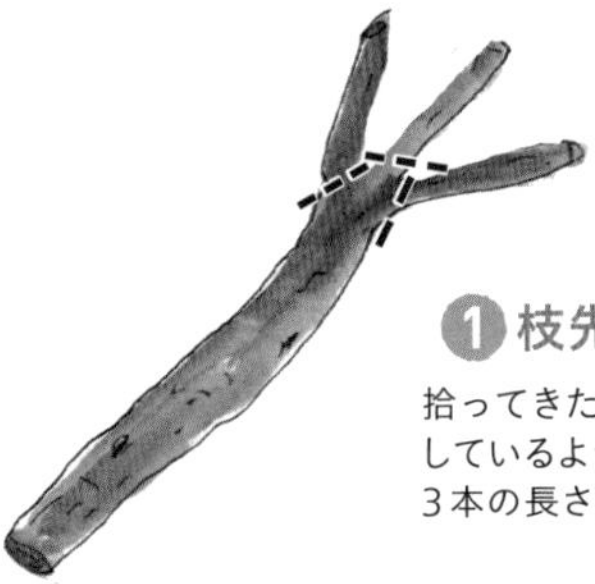

❶ 枝先をカットする

拾ってきた枝の先端が枝分かれしているようであればカットして、3本の長さを均一に整える。

❷ 一方を縛る

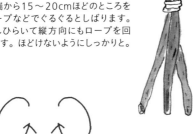

上端から15～20cmほどのところをロープなどでぐるぐるとしばります。少しひらいて縦方向にもロープを回します。ほどけないようにしっかりと。

❸ 三方に広げる

ロープで縛ったら、足側を広げて焚き火（をする予定の場所）の上に置きます。

フックも作れる

ちょうどいい形状の枝があればフックに。針葉樹の枝より、広葉樹のほうが形にバリエーションがあるので見つけやすい。

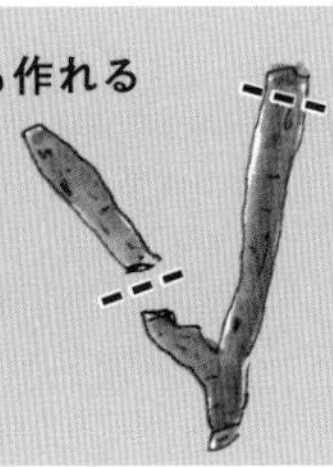

PART3

tools

080

パラコードでギアをアップグレードする

#DIY #パラコード #カスタマイズ

パラシュートのコード略してパラコード

第二次世界大戦の時代に、パラシュート用に丈夫で軽いロープとして開発されたのが「パラコード」です。今では登山やアウトドアの基本アイテムとして使われ、カラフルなものも多く作られています。編んでブレスレットにして身につけ、いざというときにほぐしてロープとして使うなどおしゃれと実用を兼ね備えた使い方も人気です。アクセサリーなどに多く使用されるのは太さ4㎜で約250㎏の荷重にも耐えられるタイプです。

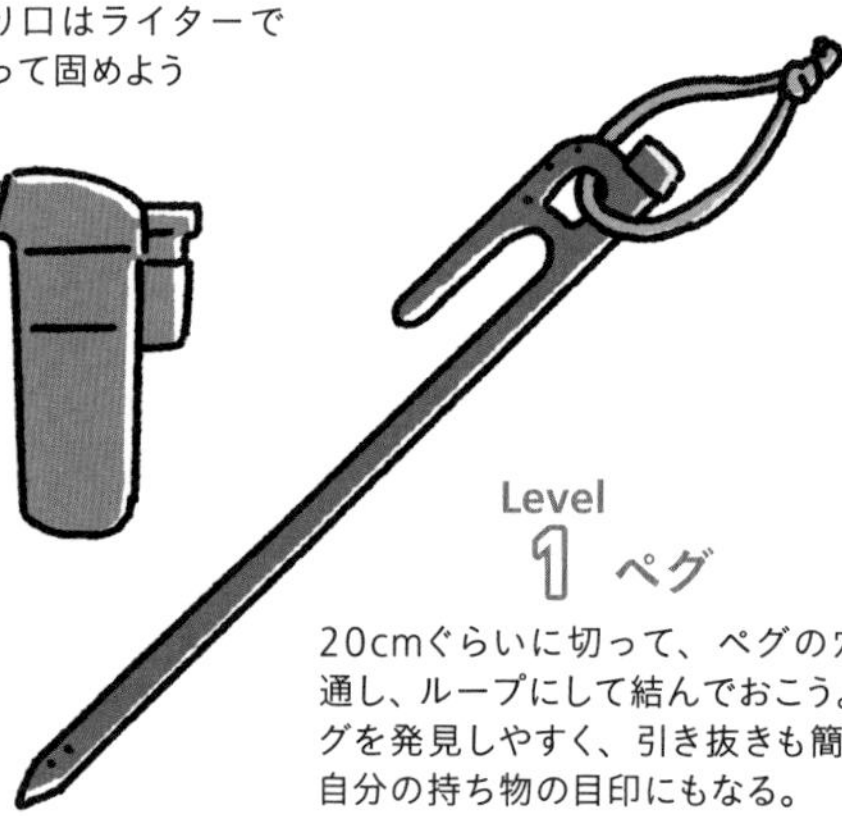

Level 1 ペグ

20cmぐらいに切って、ペグの穴に通し、ループにして結んでおこう。ペグを発見しやすく、引き抜きも簡単。自分の持ち物の目印にもなる。

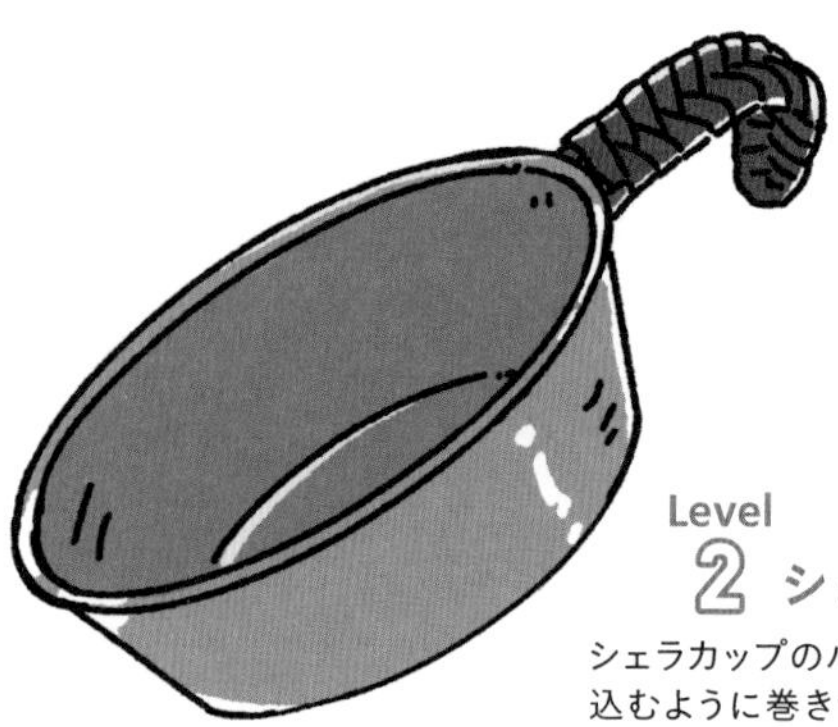

Level 2 シェラカップ

シェラカップのハンドル（柄）に編み込むように巻きつける。1個につき2〜3mほど。熱くなりにくく、滑り止めにも。

キャンプギアのあちこちに パラコードの出番あり

パラコードはカラフルなので、まず飾り付けや目印に最適です。ペグに結びつけておけば地面や草むらでも探しやすいですし、ループになっていれば引き抜きにも便利です。ナイロン製なので、切り口をライターで炙れば、溶けて固まってくれます。

シェラカップやナイフのグリップなどに巻いて、使い勝手をよくする場合にも利用されています。そして巻きつけたパラコードはいつでもほぐしてロープとして活用できます。

カラフルで丈夫で軽いというメリットから、テントやタープのガイロープとしてまるごと取り替えてしまうこともできます。お気に入りのカラーのパラコードでキャンプサイトを飾れば、愛着も高まります。

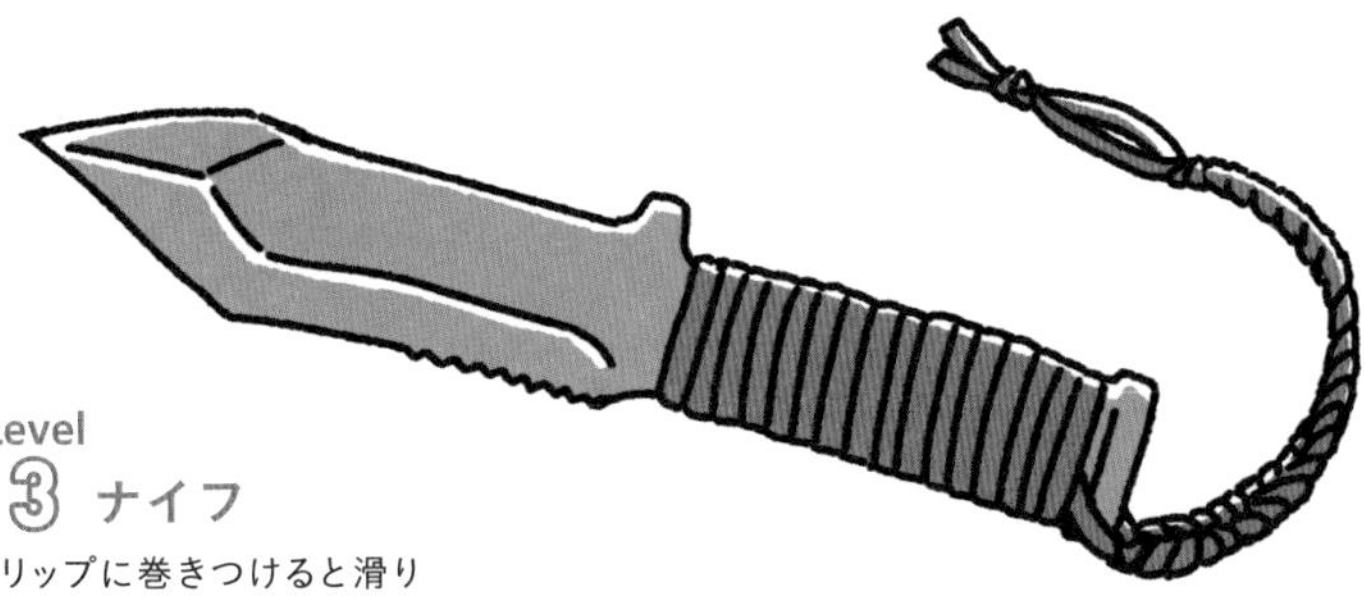

Level 3 ナイフ

ナイフのグリップに巻きつけると滑り止めに。複雑な編み込みにして個性をアピールするのも◎。

Level 4 ガイロープ

テントのガイロープを付属のものからオリジナルのパラコードに取り替える。一般的なドームテントであれば2mのものが4本、3mのものが2本（計14m～）。それぞれ自在金具を通しておけば、そのまま置き換えて使える。

PART3 tools

081

ギアをオリジナルロゴで飾る

#DIY #カスタマイズ #おしゃれキャンプ

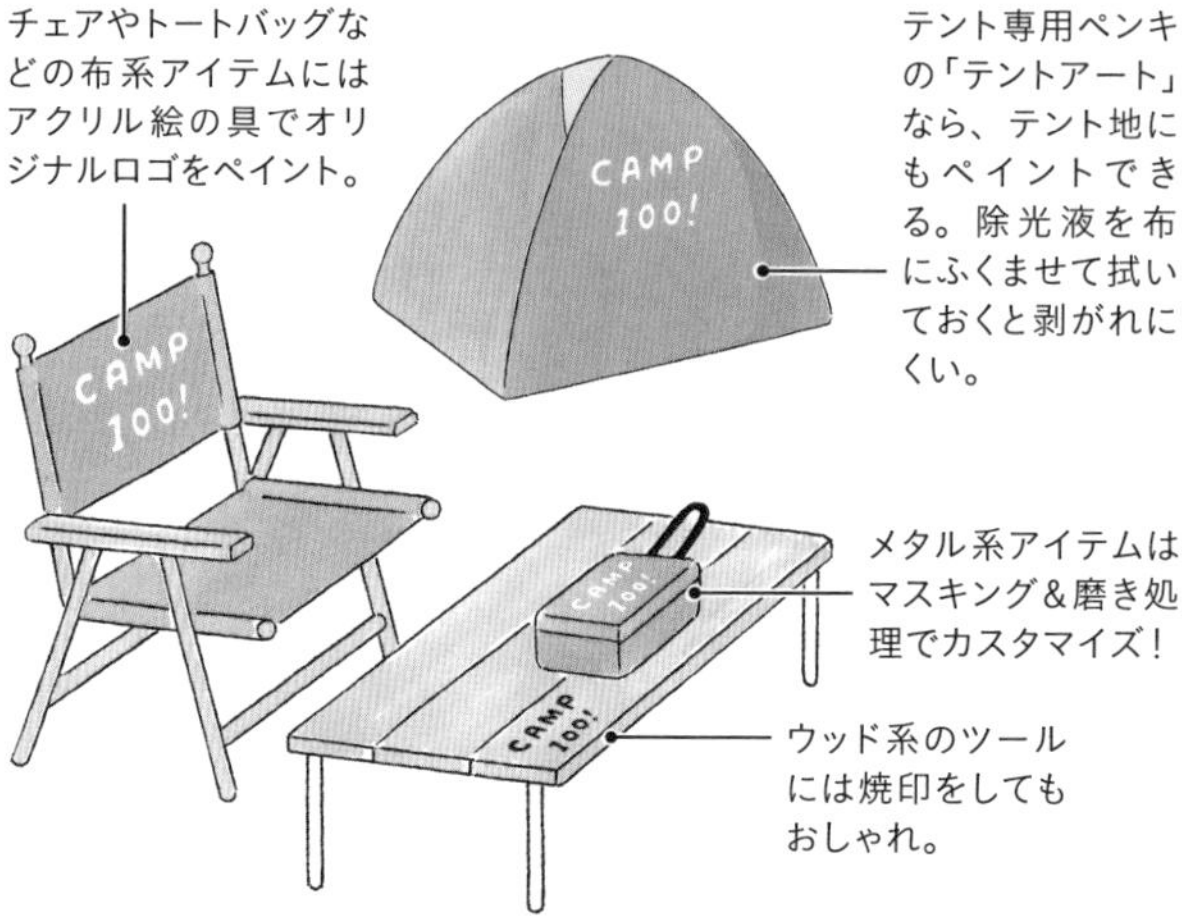

チェアやトートバッグなどの布系アイテムにはアクリル絵の具でオリジナルロゴをペイント。

テント専用ペンキの「テントアート」なら、テント地にもペイントできる。除光液を布にふくませて拭いておくと剥がれにくい。

メタル系アイテムはマスキング&磨き処理でカスタマイズ！

ウッド系のツールには焼印をしてもおしゃれ。

CAMP 100!

ウッドパーツに焼印を入れる

❶ 焼印を作る

焼印はネットで簡単に注文できる。5000円前後から。

❷ 熱する

コンロや焚き火などで焼印を熱する。

❸ 焼き付ける

ウッド系のアイテムに押し当てて、焦げ目でロゴをつける。プラ系はNG。

オリジナリティは実用だ！

ハイシーズンのキャンプ場では、自分のサイトを探しあてるのもひと苦労ですが、個性的なロゴがプリントしてあればすぐに見つかり、トイレや水場から迷わず帰ってこられます。

また、人気のツールは他のキャンパーとかぶってしまいがち。オリジナルのロゴをつけておけば、取り違え事故も未然に防げますし、なにより愛着が倍増します。そしてデコレーションの作業自体も楽しいアクティビティーのひとつになります。

メスティンにロゴを入れる

❶ 貼る

文字だけバラバラに切り取られたカッティングシートのステッカーを貼る。

❷ 磨く

メスティンの表面を「ピカール（磨き液）」でツヤツヤに磨き上げる。

❸ ステッカーをはがす

ステッカーをはがして、洗う。乾いたら完成。ステッカー部分と磨いた部分の差でロゴが浮かび上がる。

クロスにロゴを入れる

❶ 抜き型

紙を切り抜いたり、カッティングシートの文字ではない部分などを使って、ロゴの抜き型を用意する。

❷ 絵の具

好きな色のアクリル絵の具と木工用ボンドを混ぜる。配分は1:1ぐらいがよい。

❸ 塗る

チェアに抜き型をのせ、混ぜた絵の具をスポンジで押し付けるように塗る。乾く前に抜き型を外す。

❹ アイロン

乾いたらクッキングシートをのせて、中温（140〜160℃）でアイロンをかける。

いろいろな物に オリジナルロゴを入れよう

金属の場合、熱の影響がないものならペンキなどの一般の塗料でいいですが、クッカーやメスティンなど熱がかかるものなら、マスキング&磨き上げで仕上げましょう。

折りたたみチェアの布地など洗わないものなら、アクリル絵の具と木工用ボンドを混ぜた物でペイントできます。衣類など洗濯前提のものであれば布用インクを使ってペイントするといいでしょう。

PART3 tools 082

最小限のギアで引き算キャンプを楽しむ

#ひとつで二役以上 #コンパクト #収納 #ソロキャン

マルチタープ
張り方次第でテントとしてもタープとしても使えるマルチタープがあれば、荷物は減らせる（ペグやガイロープはセット）。

コンテナテーブル
荷物をまとめて収めるコンテナの上に板を張り、テーブルにすればひとつで二役。

コットをベンチに
マルチタープの中で寝るなら寝袋よりコットが快適。ベンチにも使える（眠るときはブランケットで）。

絞りきったどうしてもの七つ道具

キャンプにハマるほど荷物が増えて、かえって億劫になってしまうものです。いっそ可能な限り荷物を絞って、身軽なキャンプにトライすると新たな楽しみが見つかるかもしれません。

たとえば、1マルチタープ（とロープ）、2コット（とブランケット）、3ランタン、4バーナー、5クッカー、6マルチツール、7ハンマーの7つ道具をコンテナに詰め込んで、引き算キャンプを楽しんでみたらいかが？　足りないものはブッシュクラフトで。

ギアを減らすための3つのアイディア

ギアを少なくするためには、統一すること、兼用することが肝になります。ランタンとバーナーは同じ燃料を使用するものに統一すれば、余計な装備を持ち歩かなくてすみます。マルチツールのような万能なギアは引き算キャンプにもってこい。思い切ってマルチツールひとつでどこまでやれるかチャレンジするのも楽しいでしょう。ハンマーは意外に代用が効かないものですが、ペグ抜きやスコップなどの機能もあれば、設営に関する力作業はまかなえるでしょう。

朝、天気がよかったらコンテナひとつ抱えて車に飛び乗り、「便利でない」キャンプを楽しむというのもちょっと上級者っぽくて新しい発見があることでしょう。

燃料を統一

ランタンとバーナーは同じタイプの燃料を使う。カセットガスなら入手も容易。

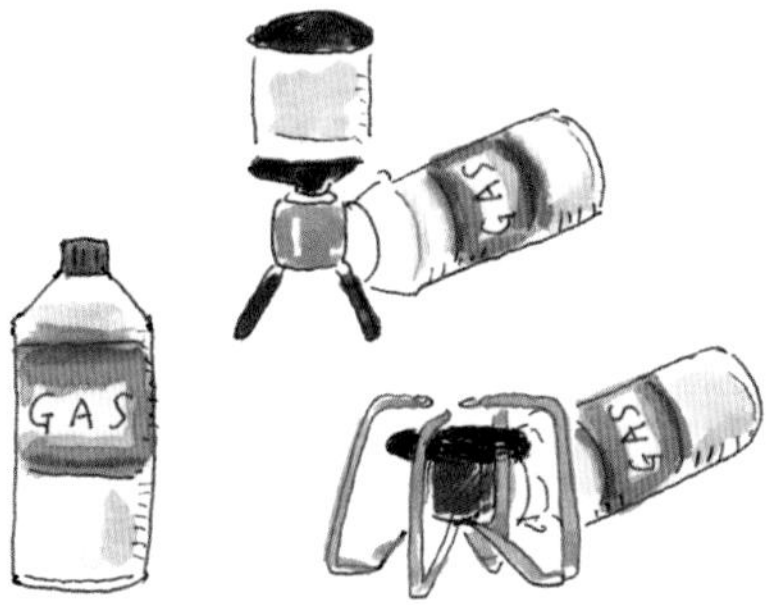

マルチツールを活用

道具類は全部マルチツールに集約。ナイフのほかにフォーク付きのものもある。

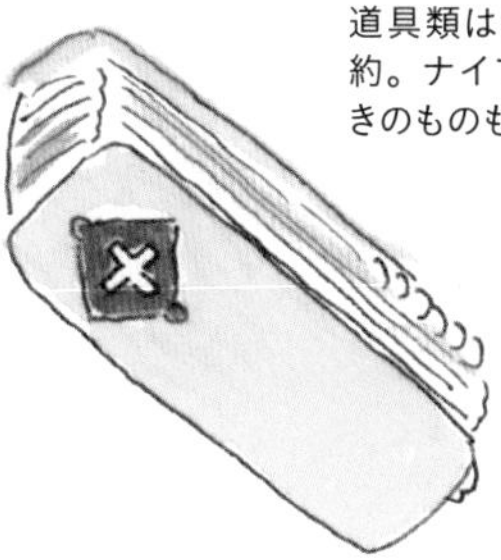

ひとつで三役

ハンマーにペグ抜きやスコップの機能も盛り込んだものがある。これがあればマルチタープの設営と撤収は思いのまま。

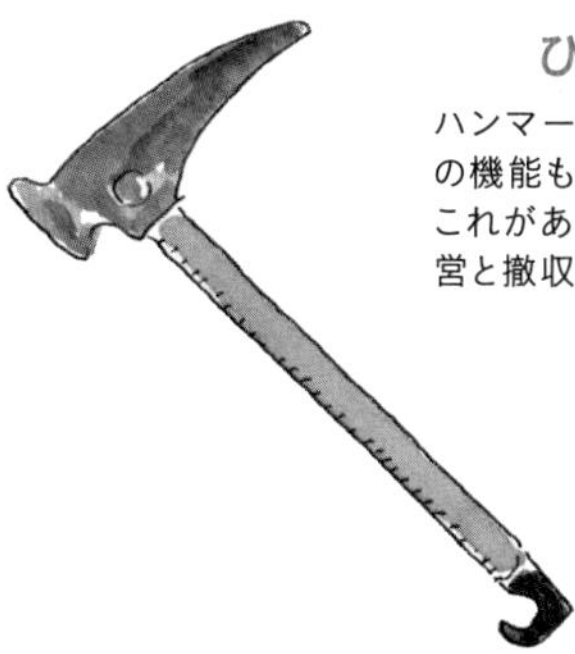

PART3
tools
083

愛するギアをメンテナンスする

#メンテナンス　#テント　#寝袋　#ダッチオーブン　#クーラーボックス

テント

ベランダの物干しでもいいので吊るして干しておく。
洗浄は風呂の残り湯などを使って、中性洗剤で足踏み洗いを。

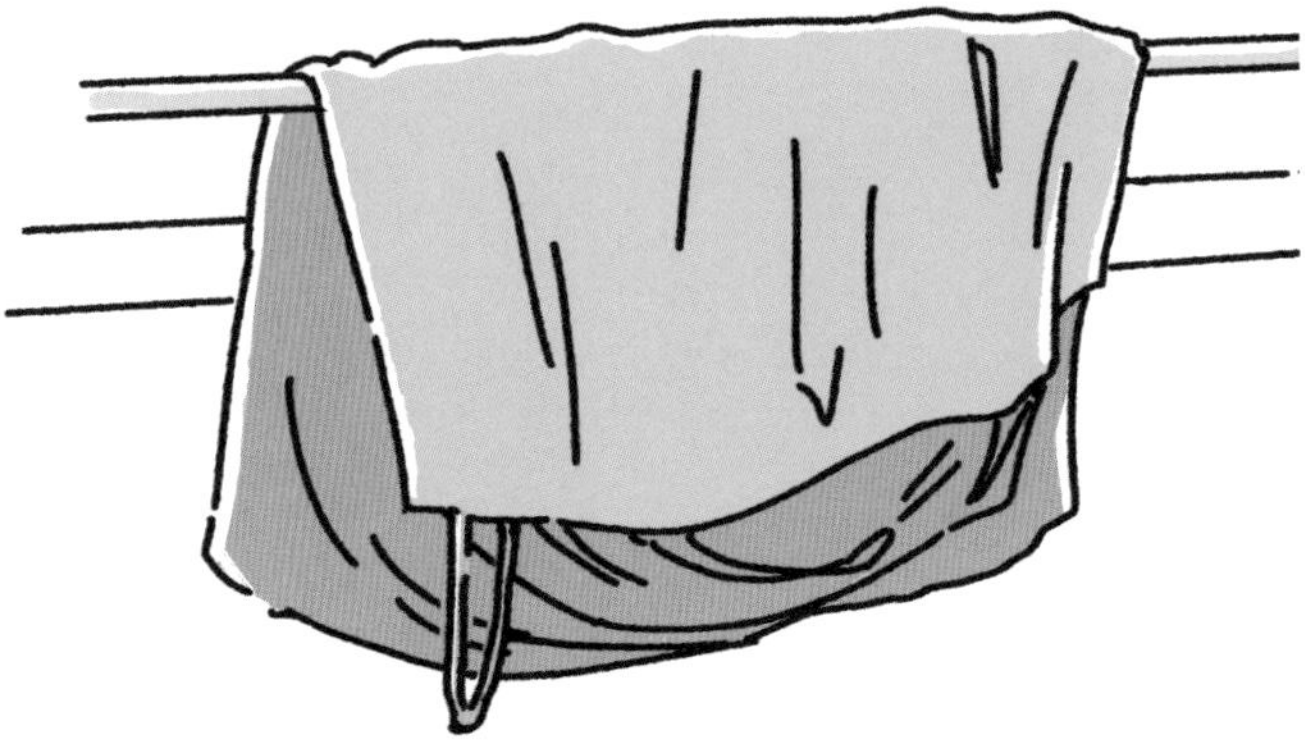

ギアを長持ちさせるのは帰ってすぐのメンテナンス

キャンプから帰宅すると、もうヘトヘトで、しばらく何もしたくないのが人の常。しかし、そこでぐっと踏ん張って、メンテナンスにエネルギーを注いでおくと、キャンプギアは必ず応えてくれます。

たとえばテントはまず陰干しをして、湿気を飛ばしておくこと。汚れが気になるときは、風呂場で足踏み洗いをしてから干します。干せる場所が限られているなら、車の上にかぶせて干すという手段も有効です。

すぐやることを忘れなければ次のキャンプがラクになる

寝袋も使って放置すると、匂いが出やすいアイテム。洗わないときでも風通しのいいところに吊るして、綿の奥まで染み込んだ湿気を乾かしておきましょう。

手入れが重要なキャンプ道具の代表格といえばやはりダッチオーブン。始末をちゃんとしておかないと、あっというまにサビだらけで、次の出番は遠のきます。キャンプ地ではちゃんとした手入れはやりにくいですから、帰ったら早いタイミングでしっかり処理しておきましょう。

クーラーボックスも雑菌が繁殖しやすいアイテム。帰宅後は中身を全部出してしばらく開けておきましょう。次回開けたときに悪臭が残っていると、とても残念です。

寝袋

洗っても洗わなくても、風通しのいいところにしばらく吊るして湿気を抜こう。

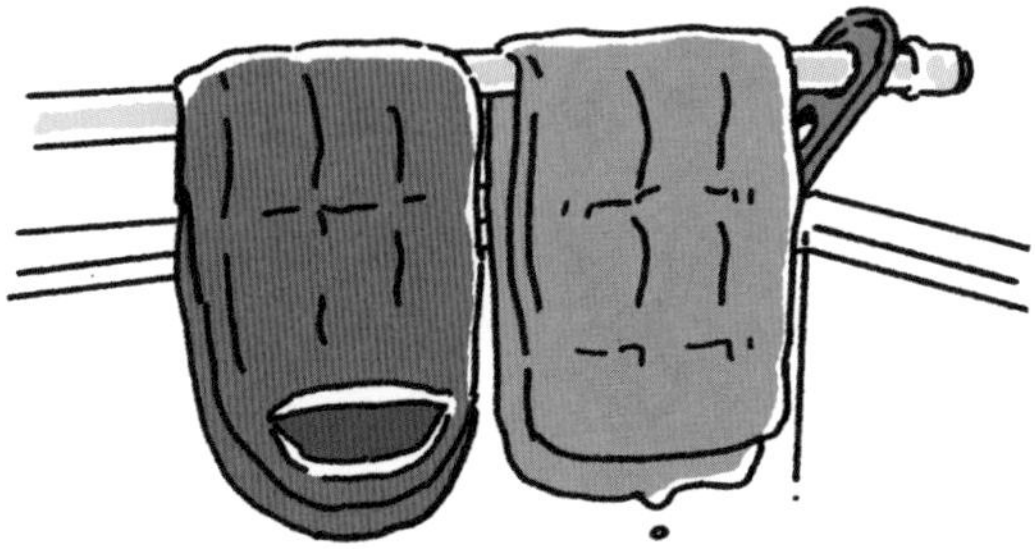

ダッチオーブン

1. 他のやかんなどで沸かした熱湯を入れる。
2. 木べらなどで汚れを落とす。
3. 火にかけて水分を完全に飛ばす。
4. 植物油を塗る
5. 火にかけながら油を拭き取る。
6. 煙が収まったら火を止めて冷ます。

クーラーボックス

中性洗剤で洗い流水で洗浄する。風通しのよいところで干して完全に乾いてからしまう。

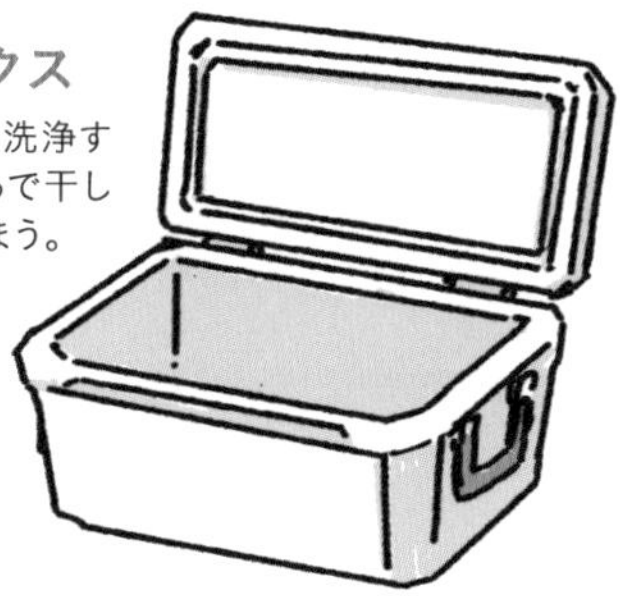

PART 4

technique

ドヤ顔できるキャンプ技

不便だったり面倒だったりと感じたら

イノベーションのチャンス！

効率的にできることが増えたら

キャンプがもっと楽しくなるはずです。

キャンプスキルは実践を重ねてこそ

磨かれますよ！

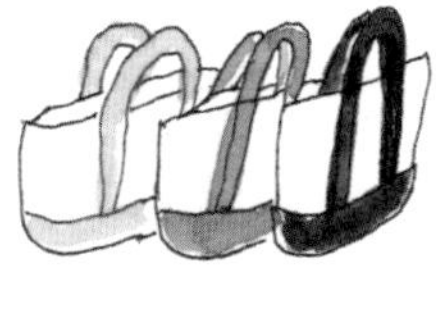

あ11-11
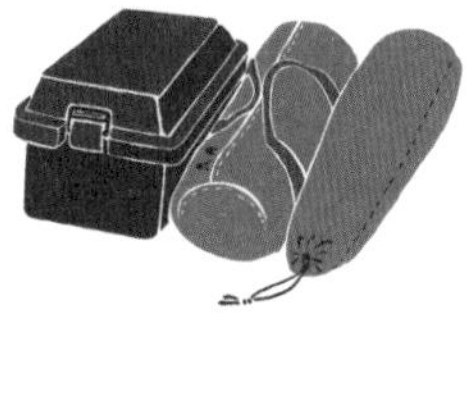

キャンパーの腕の見せどころ 積載上手になる

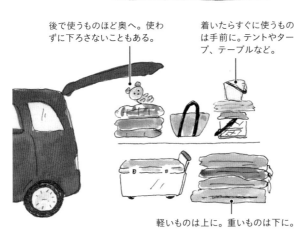

#準備 #積載 #車 #収納

積載の基本テクニック
一度全部集めてから、重さと使う順番を考えて積み込む。

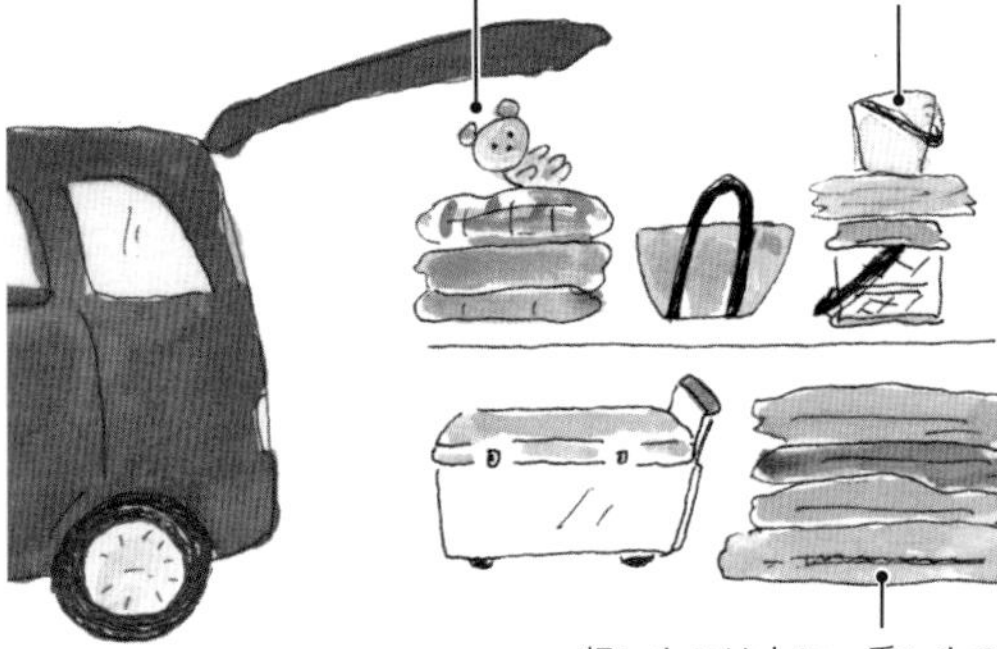

後で使うものほど奥へ。使わずに下ろさないこともある。
着いたらすぐに使うものは手前に。テントやタープ、テーブルなど。
軽いものは上に。重いものは下に。

一度全体像を見るのが上手く積み込む秘訣

家中に分散してしまい込んでいる道具を、あちこちから引っ張り出してどんどん積み込もうとしていませんか？

積載の基本は「先に使うものを手前に、重いものを下に」ですが、そのためには一度どこかにすべての荷物を並べ、全体を把握する必要があります。リビングや玄関先などにグラウンドシートを敷き、アイテムを整理してから順序よく積み込むとうまくできます。グラウンドシートは最初に使うので、最後に積めばＯＫですね。

少しの工夫で車のラゲッジを有効に

テーブルやテントなどの大型アイテムは積みやすいですが、ランタンやクッカーなどの細々としたギアは、目的別にコンテナにまとめておくのが便利です。現地に着けばそれぞれ分けて使うことになりますので、移動時のみ折りたたみコンテナを活用するのもいいでしょう。

限られたラゲッジスペースを上手に使うためには、スキマをうまく埋めたり、「縦」を意識して積み込んだりすることが重要。

テーブルは完全にはたたまず、ラゲッジスペースの中に置いて二段にすると、空間効率のアップと、取り出しやすさが向上。年中キャンプに行くようなら、ラゲッジに専用のラックを備えてしまうのも手です。

コンテナを活用

細々したキャンプギアは、ハードケースや折りたたみコンテナにまとめておく。

縦に積む

チェアやテーブルは、縦に積むと取り出しやすい。

衣類は小分けに

衣類はトートバッグなどに小分けにしておくと、あちこちのスキマに入れられる。緩衝材にも。

ラゲッジを二段に

テーブルをたたまず、ラゲッジスペースに設置。上下二段に荷物を配置できる。

PART4
technique
085

#テント #風 #サイトづくり

方角を確認してテント設営を極める

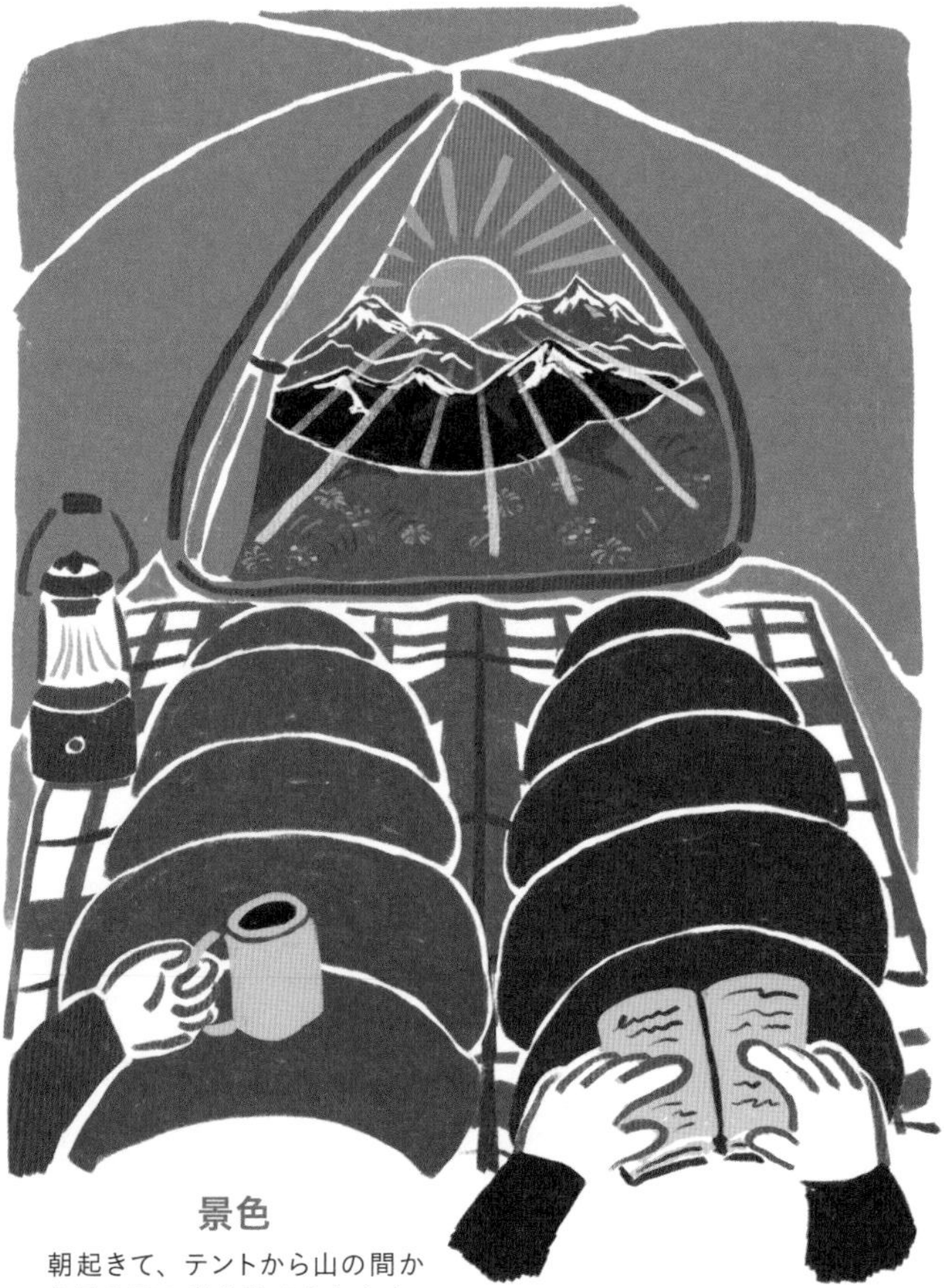

景色
朝起きて、テントから山の間から昇る日の出を眺められたら、一日ハッピーに過ごせる。

せっかく来たのだから絶景を存分に楽しみたい

テントの出入り口をどちらに向けるか、最優先に考えたいのは景色です。キャンプサイトに到着したら、まず周囲の風景をゆっくり見回して、山が見えるほう、湖が見えるほう、森の木々が見えるほうなどお好みで、ベストな方向をチョイスしましょう。

可能なら出入り口を東に向けておくと、翌朝の美しい日の出をテントの中でまどろみながら迎えるという最高のシチュエーションを演出できるかもしれません。

風向き

風そのものが吹いてくる方角や、防風になる林などがあるほうに入り口を向けるとよい。

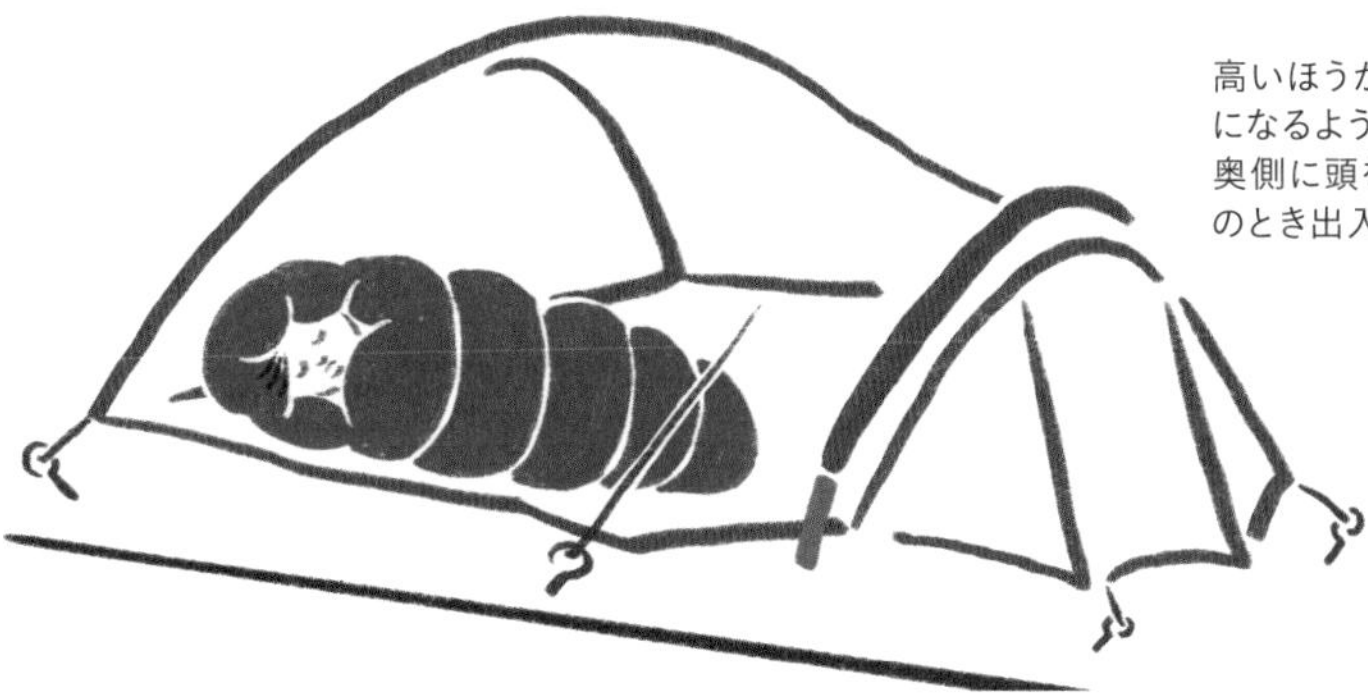

傾斜

高いほうが頭、低いほうが足になるように。また、テントの奥側に頭を向けると、複数人のとき出入りしやすい。

テントの配置でうまく自然と折り合いをつける

自然の中で行うのがキャンプですから、いつでもコンディションがいいとは限りません。強風にあおられる日もあるでしょうし、傾いた地形にテントを張らなければならないときもあります。

風の強いとき、テントの中に風が吹き込んでまるごと吹き飛ばされてしまうこともあります。入り口と逆側を風上に向けて、受け流すようにすればちょうどよく風が抜けてくれます。

また、キャンプサイトは一見平らに見えてもどちらかにはなんとなく傾いているもの。テントを貼る前にグラウンドシートなどに寝そべってみて、どちら側が低いか感じ取り、低いほうが足側になるようにテントを配置するといいでしょう。

たったひとりでもすみやかに美しくタープを張る

#タープ　#サイトづくり　#ソロキャンプ

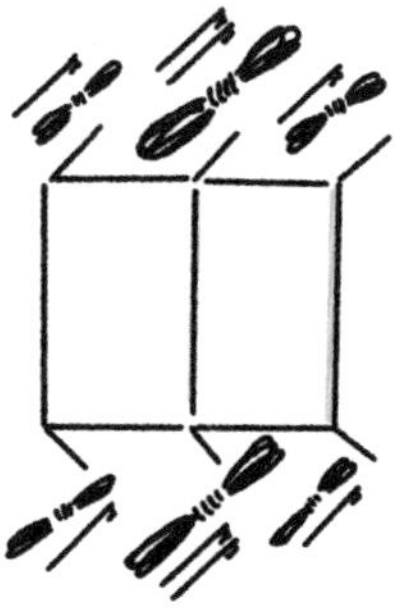

❶ アイテムを配置

タープを敷いて、長辺中間にメインポール2、長いガイロープとペグ各1を配置。四隅にはサブポール、ガイロープとペグを置く。

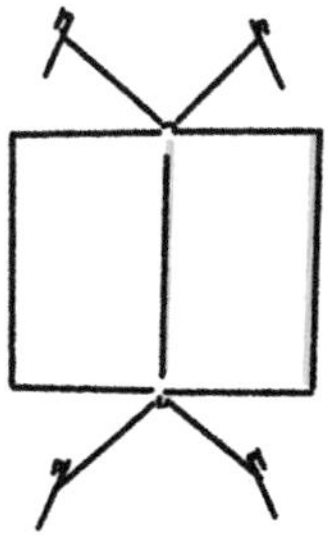

❷ メインポールをセット

メインポールを寝かせたまま伸ばし、先端をタープのグロメットに差し込み、長いガイロープ（両端に自在金具がある）を掛け、45度の位置にペグを打つ。ロープはまだ張らない。

❸ 1本目

片方のメインポールを起こし、自在金具を調節して2本のガイロープを軽く張る。

まずは必要なものを配置すること

タープを美しく張るのはただでさえ難しいものですね。でも大丈夫。最初にメインポールをうまく立てられたら、ひとりで張ることも十分可能です。ソロキャンプなどで困らないよう、手順を頭に入れておきましょう。

まずは配置。地面にタープをひろげ、所定の位置にポール、ガイロープ、ペグを置きます。このように必要なものを必要な位置にあらかじめ配置しておくのが意外と大切。いざ張るときにあわてずに済みます。

❹ 2本目

タープを引っ張りながら2本目のメインポールまで行き、立てる。ガイロープを軽く張る。

❺ ロープを張る

4本のガイロープをピンと張っていき、2本のメインポールをしっかり立てる。

ペグの位置は

メインポールのロープは中心線に対して45度になるようにペグを打つ。サブポールのロープはタープの対角線上にサブポールの根本から1〜 1.3mの間隔にペグを打つ。

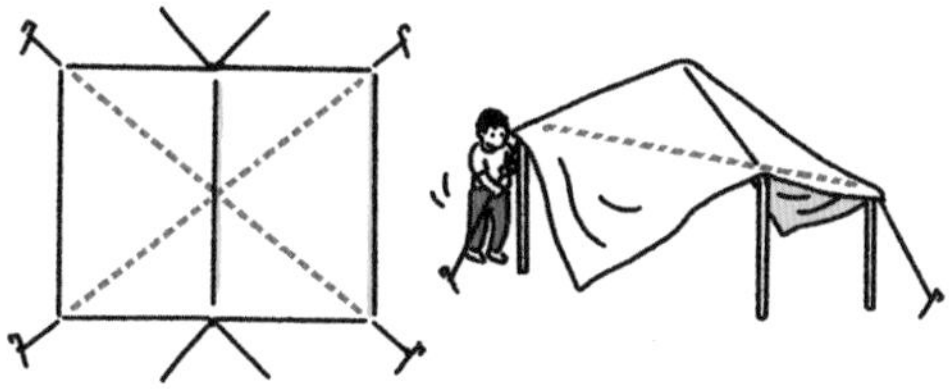

❻ 四隅を立てる

四隅のグロメットにサブポールを差し込み、立てる。ペグを打ってガイロープを地面につなぐ。

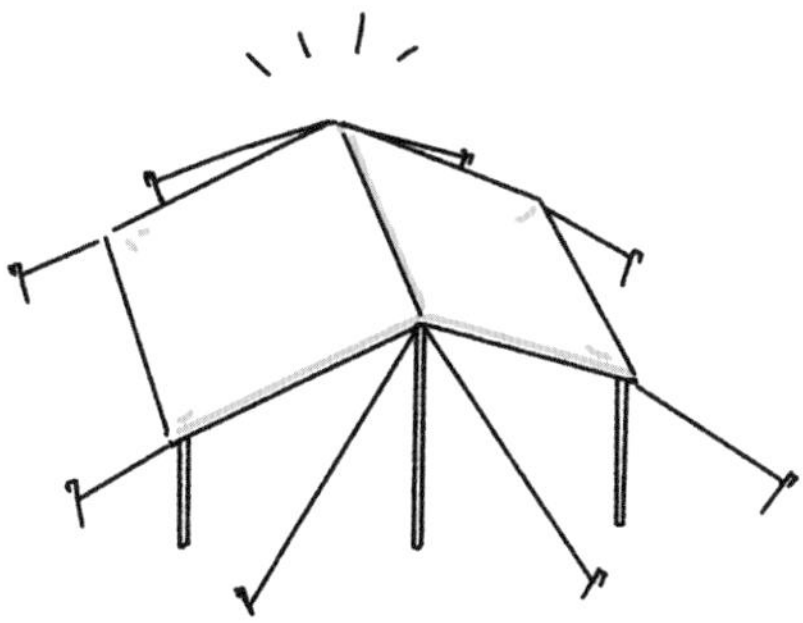

❼ できあがり

シワなく張れているかバランスを見ながら、ガイロープを調整して完成！

ペグとロープの角度が上手にタープを張るコツ

グロメットにメインポールの先端を差し込み、ガイロープを2本かけて、ペグを打っておきます（計4か所）。ガイロープとポールの角度は45度、ペグを打つ位置はポールの長さとだいたい同じくらいにしましょう。1本目のポールを起こし、ガイロープを軽く張ります。タープを引っ張って、ポールが倒れないようにコントロールしながら2本目のポールも起こします。ガイロープを締めれば、メインポールが安定します。

このときロープと地面との角度も45度になっていると安定しやすいです。

このあと、四隅のサブポールとロープを対角線の順に張っていけば完成。ヘキサタープも同じ要領で張ることができます。

憂鬱な撤収を1時間で終える

#撤収　#積載　#車

一旦荷物を置くシートが効率アップのポイント

いつも撤収が時間ぎりぎりになってしまう人、いませんか？　素早く撤収して余裕をもって帰宅できれば、キャンプ後の疲れもとれやすいものです。

広げた荷物を元通り積み込むのは難しいもの。やみくもに車に詰め込むのではなく、まずはシートなどに荷物を並べてコンテナに収めながら、密度を高めていきましょう。また、テントの裏は地面の湿気で濡れていることが多いので、真っ先に中を空にしてひっくり返して干しておくのが肝心です。

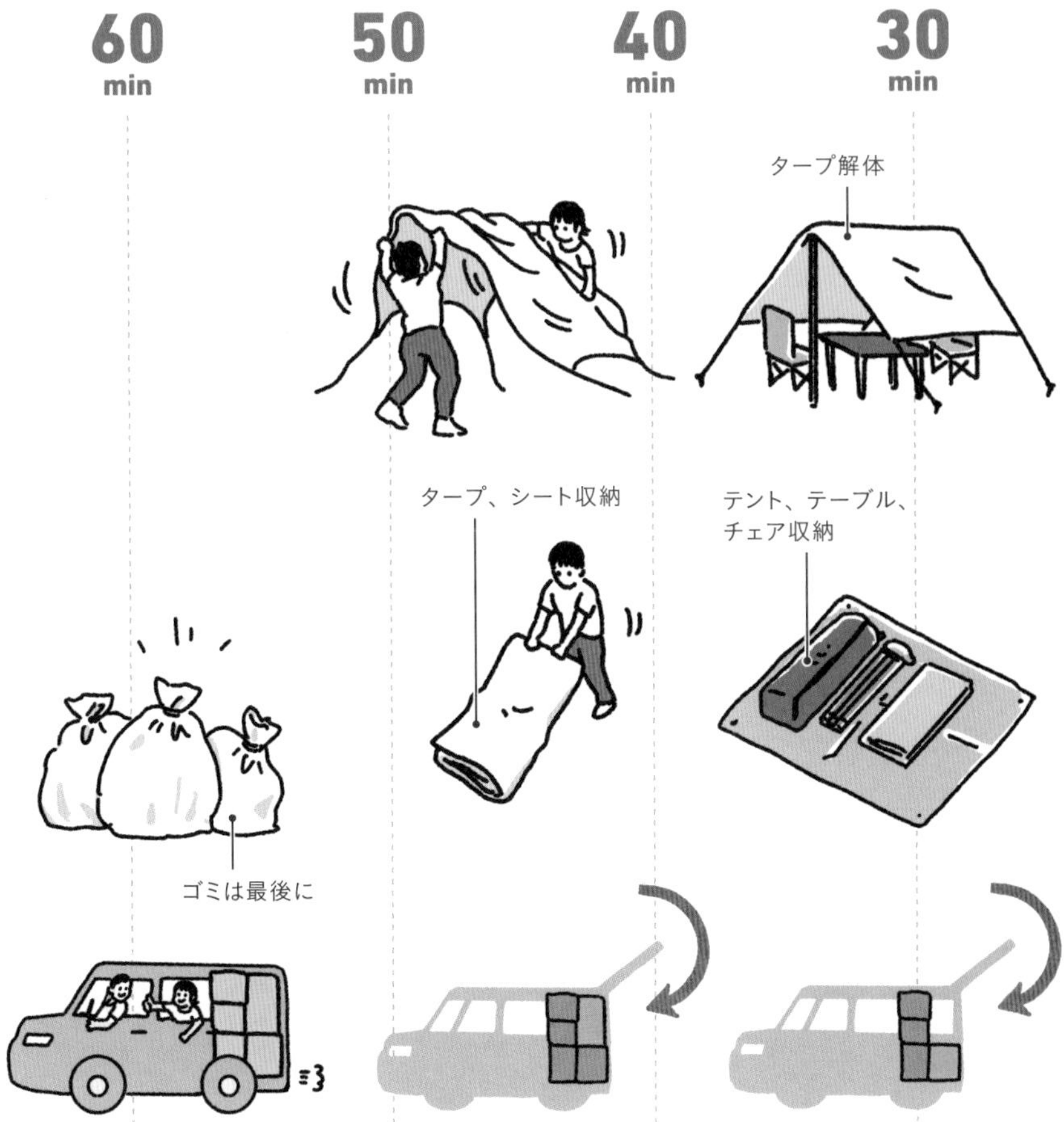

複数人のキャンプなら、朝食ができるまでに作業を分担して少しずつ進めておけば、あとがラク。使わないものは早めにしまうのが鉄則です。

出発時の状態に積み込んでいく

出発の積載では先に使うものを手前に積むというルールがありました。帰りは後先を気にする必要はないのですが、来るときの状態を写真に撮っておき、それを参考に積むと、迷わずにどんどん積み込みができ、全部入りきらなかった……なんてことも防げます。タープとシートは最後にたたんでスキマに収めます。ゴミはあとのほうで出てくる物もあるので最後に取りまとめましょう。家にゴミを持ち帰る場合は、クーラーバッグなど折りたためるものはたたむなどして、積載スペースを確保しておきましょう。

PART4
technique
088

楽しい焚き火をもっと深く楽しむ

#焚き火 #植物

基本のアレンジを組み合わせて試してみよう

焚き火台に慣れてきたら、もう少し踏み込んで焚き火を楽しんでみましょう。同じ薪を燃やすにしても、その組み方で炎のでき方は変わります。スタンダードなのは、薪を放射状に並べる星型。中心部を重ねて山型の特徴もプラスすれば、じっくり長く焚き火を楽しむことができます。井桁に積んで火力を重視したり、暖炉のように2本の丸太を並べて長時間の焚き火を維持したりと、薪の並べ方で性質は変わります。どんどん試してみましょう。

星型＋山型

細めの薪を60度ぐらいの間隔で放射状に並べたもの。焚き火が長持ちするので、長時間の調理や、夜のくつろぎタイムに向く。中央を重ねて山状にすると火力が増す。

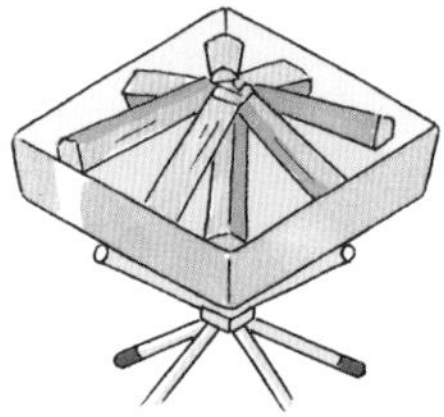

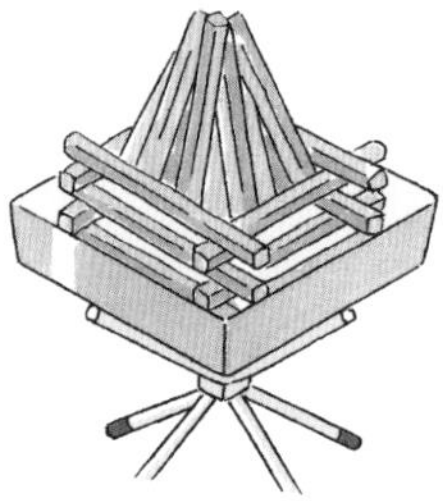

井桁＋ティピ

井桁の中に、円錐状に薪を積む方法。大火力で景気よく燃え上がる。ティピだけだと焚き火台に設置しにくいので、井桁で囲っている。

並行型

二本の太い薪の上に橋を渡すように細めの薪を並べたもの。ダッチオーブンなどが置きやすく、調理向けの組み方。

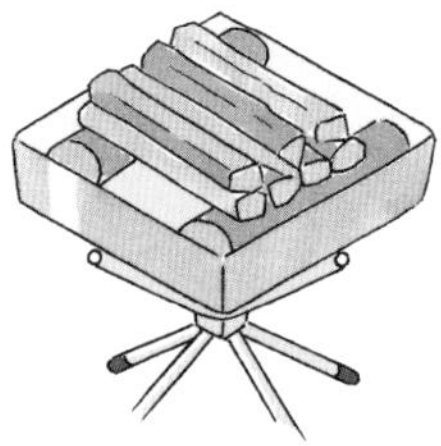

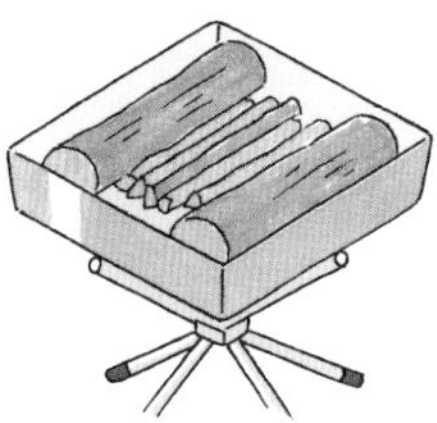

ロングファイヤー型

太い薪（丸太）の間に、細い薪や枝などを詰め込む方法。長時間燃え続けるので、暖をとる場合などに最適。

スギ、ナラ、クヌギ 薪の種類も楽しもう

キャンプ場で売られている薪は、その場所で入手しやすいものだったりして選ぶことは難しいものですが、あらかじめ取り寄せるなどすれば、いろいろな種類の樹木を使ってみることができます。大きく分けて針葉樹と広葉樹があります。一般には針葉樹のほうが一気に燃えやすく、広葉樹のほうが長く燃え続ける傾向にあります。特性を知って、自分好みの薪セットを作ってみましょう。

針葉樹

●**スギ**…燃えやすく火力もあるので着火に向いている。針葉樹は道管（水や養分の通り道）が真っすぐで整って火が伝わりやすい。

●**カラマツ**…油分が多く含まれていてよく燃え、密度が少し高い分火持ちに優れる。ただし煙が多いので調理のタイミングには向かない。初期の着火に。

●**ヒノキ**…針葉樹の中では長持ちするが、その分火の付きがよくない。燃えやすいスギなどと組み合わせて使おう。

広葉樹

●**ナラ**…もっとも普通の薪。入手しやすく火持ちがよいなど、扱いやすい基本の薪。優等生的存在。

●**クヌギ**…火力、火持ちともにナラを上回る高級な薪。

●**サクラ**…燻製チップにも使われるサクラは香りがよいのが特徴。ただし、火力や火持ちは少し落ちる。

●**ケヤキ**…硬いのが特徴の広葉樹。火持ちは少し落ちるが、熾火にすると長持ちする。

●**カシ**…薪の王様とも呼ばれる。希少性により値段は高いが、火持ちがよく煙が少ないなどメリットが大きい。

焚き火の鉄則3

1 火のあるときは離れない

焚き火をはじめたらキャンプサイトを無人にすることのないようにする。天候は変わりやすく、急な風で燃えさしが飛ぶなどの危険がある。

2 消火用水を用意する

うっかり火力を上げすぎて危険なぐらいになってしまっても、バケツ一杯の水があれば対処することもできる。必ず配置しておきたい。

3 確実に消火する

焚き火を終了するときは、燃えさしをすべて火消し壷に入れるか、所定の捨場で処分するか、確実な方法で始末すること。

PART4
technique
089

薪割りがわかれば楽しい！バトニングを極める

#焚き火 #バトニング #ナイフ #ブッシュクラフト

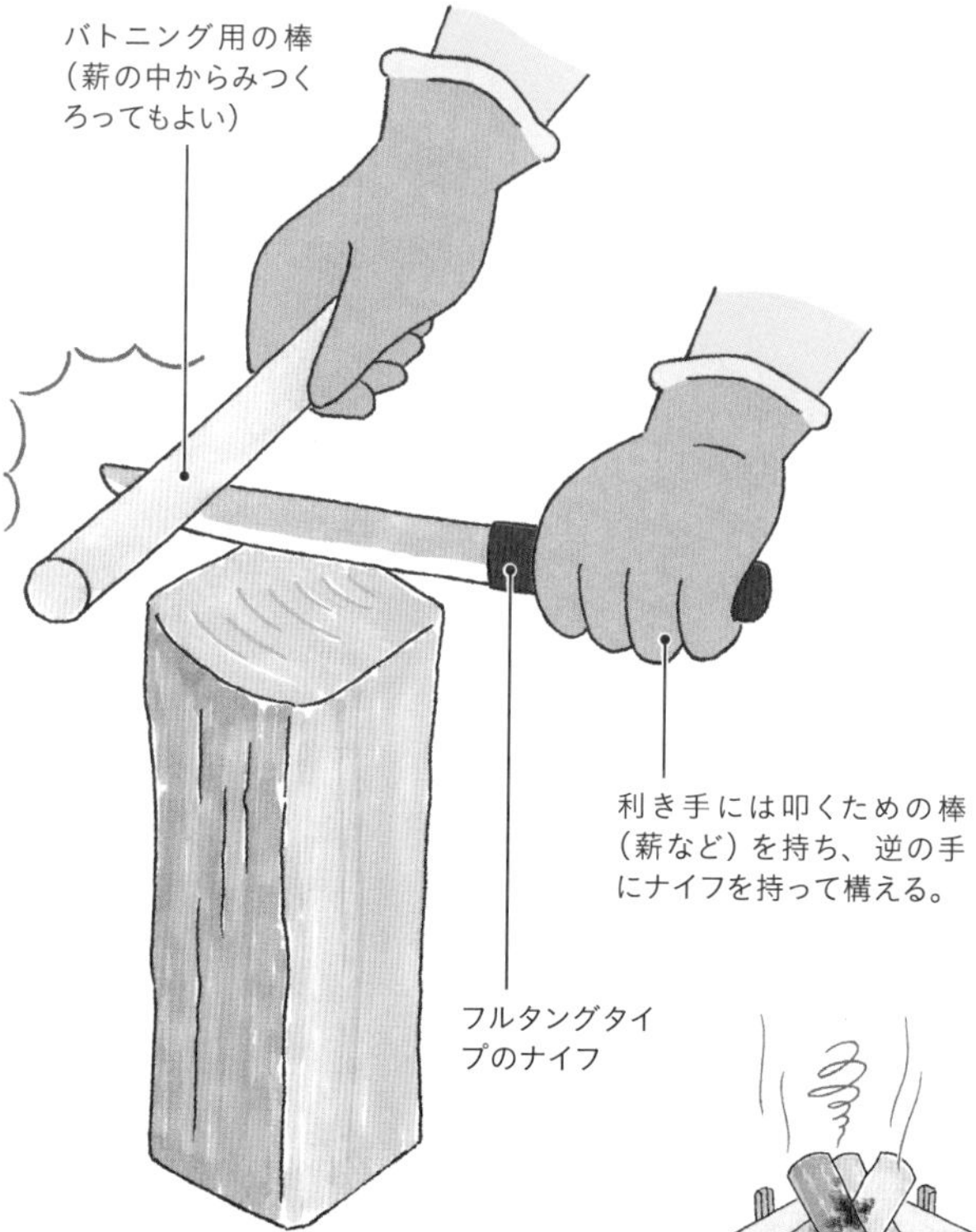

バトニング用の棒（薪の中からみつくろってもよい）
利き手には叩くための棒（薪など）を持ち、逆の手にナイフを持って構える。
フルタングタイプのナイフ

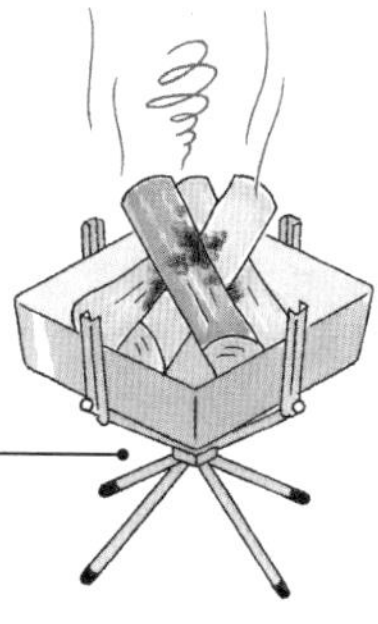

太すぎて燃えないとき
薪が太すぎて燃えにくいときはバトニングで燃えやすい太さに割ってやればよい。

斧がなくても薪は割れる

太すぎる薪は、なかなか着火しないので、火を起こすときはほどよい細さに割って調節する必要があります。

薪割りは斧で。そう考える人も多いと思いますが、ナイフがあれば薪を割ることはできます。薪にナイフを当てて、背を棒で叩きます。ナイフが食い込むことで薪を割ることができます。このテクニックをバトニングといいます。火を燃やすだけでなく、薪割りもするようになると、焚き火の楽しさが倍増します。

薪2〜3本分でOK

焚き付けに必要な分だけあれば十分。割りすぎないように。

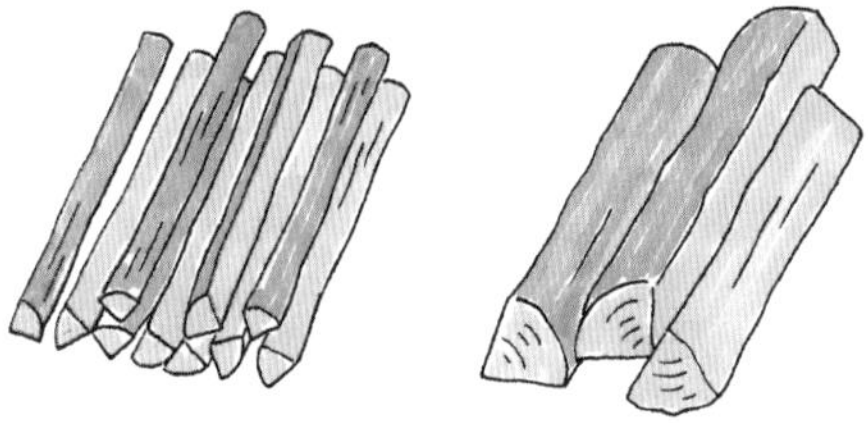

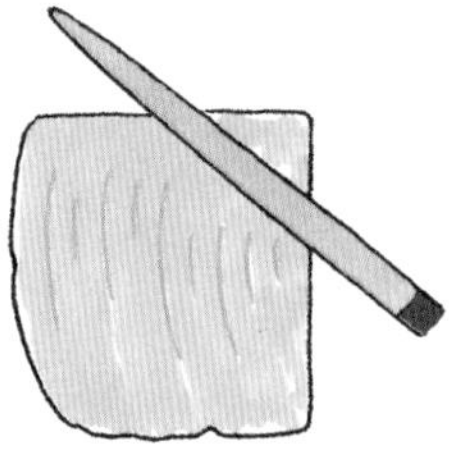

❶ バトニングは端から

薪の角などに刃を当ててバトニングしていく。指2本分程度の太さになればよい。

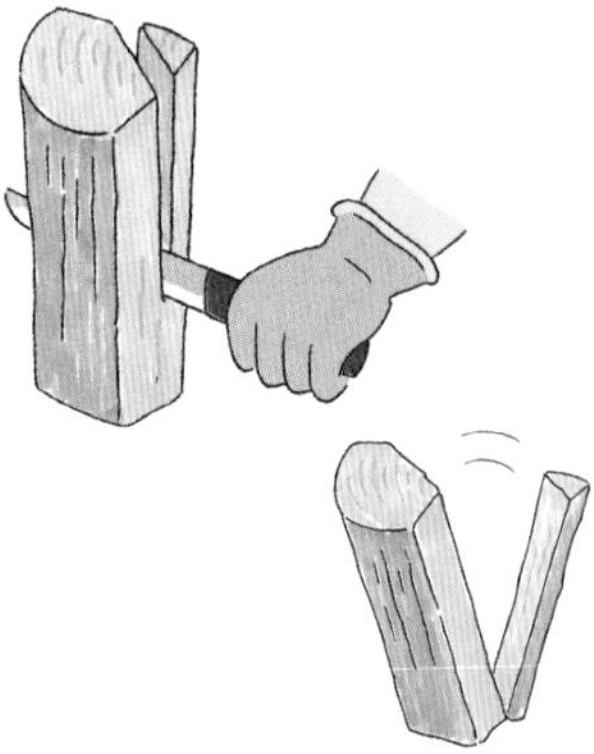

❷ 下まで来たら手で割る

最後までナイフを使うと傷めやすい。ほどほどまで割れたら、手で割いてやる。

ちょうど使いやすい薪を自在に作るテクニック

バトニングのコツは、まず割りたい薪の角の端から刃を入れることです。そこに当ててから、まっすぐバトンを振り下ろします。コンコンと割り進め、下のほうまで行ったら刃を抜いて、手で裂きます。

太い薪で3本分ほどを細く割れば、焚き付けには十分です。細くしすぎると火持ちが悪くなりますから、全部割ってしまわないようにします。

また、節があるとナイフの刃を傷めてしまう可能性がありますので、薪をよく見て節を避けて刃を入れるようにしましょう。フォールディングナイフはバトニングに適していません。バトニングにはグリップの端までナイフがつながっているフルタングタイプのものを使いましょう（⬇P178）。

PART4 technique 090

原始的な方法で火を起こす

#焚き火 #メタルマッチ #フェザースティック #ブッシュクラフト #火起こし

フェザースティックを作る

ナイフでフェザースティックを作る。バトニングで細くカットした薪の先端を削って羽毛のようにケバ立たせるテクニック。数本作っておけば着火できる。

火口になるものを用意する

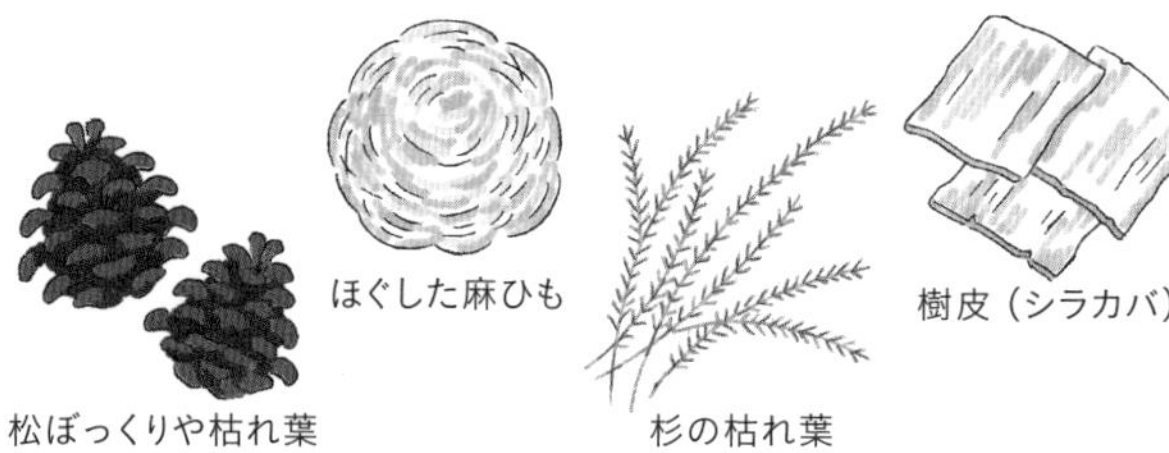

少し難しい着火方法にチャレンジしたい

慣れてくると、ライターと着火剤であっさり薪が燃え始めるのがなんとなく物足りない気分になってきたりします。そうなったらちょっとサバイバルなテクニックにチャレンジしてみましょう。木をこすり合わせて火を起こす、というまではやりすぎなので、メタルマッチを使っての着火を試してみましょう。メタルマッチはマグネシウムなどの金属棒をナイフなどに擦って火花を散らすアイテム。火打ち石とほぼ同じ原理の物です。

火の起こし方

❶ メタルマッチを擦る

火口に向けて、ナイフなどでメタルマッチを擦り、火花をかける。

❷ 酸素を送る

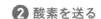

火口に着火したら、火吹き棒などで酸素を送り込んで火を大きくしていく。

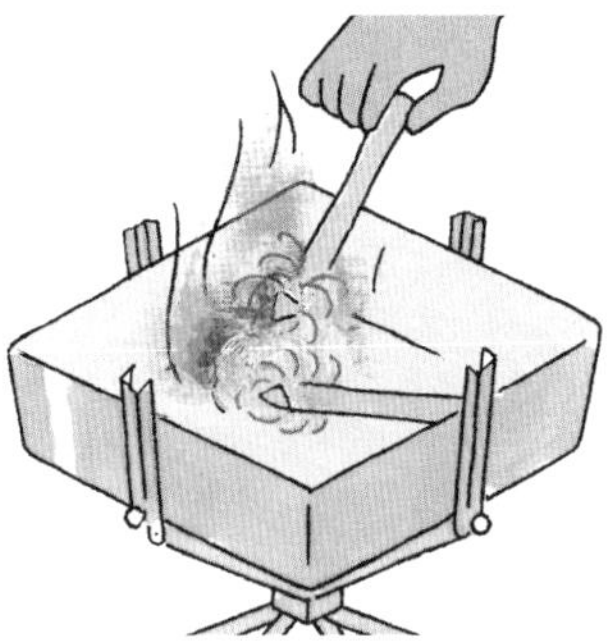

❸ フェザースティックに移す

火口の火が大きくなったらフェザースティックに移す。細めの薪から、太い薪へと燃やしていく。

小さな種火から火を育てていく

メタルマッチの火花を直接薪に浴びせて火がつくわけではありません。まずは枯れ葉や松ぼっくり、シラカバの皮、ほぐした麻ひもなど燃えやすいもので作った「火口（ほくち）」に火花を当てて、小さな火種を作ります。

　火種に火吹き棒などで酸素を送り込み、だんだん火力を上げていきます。うまく火が育ってきたら、今度はフェザースティックなどもう少し大きなものに火を移してから薪へ火を移していきます。フェザースティックには麻ひもなどを巻きつけておくとさらに着火しやすくなります。

　最初からうまくはできないかもしれませんが、人類が長年続けてきた方法ですから、焦らずじっくり火を育ててみましょう。

PART4 technique 091

夜だけでなく朝も焚き火を楽しむ

#焚き火 #朝時間 #リラックス

暖を取りながら
のんびり朝食を。

片付けも考えて
薪は少なめで。

寒い朝には温かい焚き火のぬくもりが優しい

焚き火は夜やるもの。それがキャンプの定番ですが、朝の焚き火もまたよいものです。朝もやの中、空気の澄んだキャンプサイトでパチパチと薪がはぜる音を聞きながら、暖をとり、朝食を作るのは格別な時間です。ホットサンドメーカーで好きなものを焼き、お湯を沸かしてスープやコーヒーを楽しめば、一日の活力が蓄えられるでしょう。撤収がはじまればあっという間にキャンプ気分は解体されてしまいますから、焚き火の薪が燃えているうちは、

消し炭の着火方法

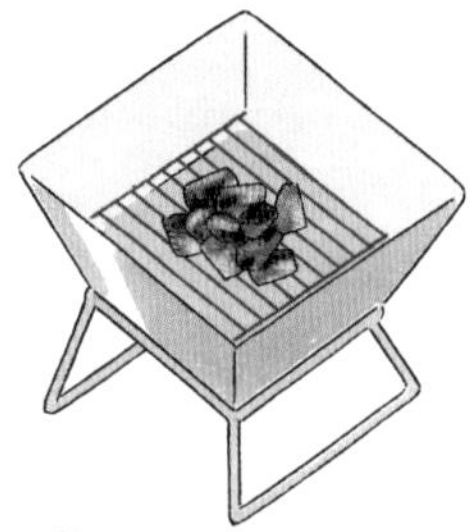

❶ 中央に集める
灰を落としながら消し炭を焚き火台の中央に寄せる。

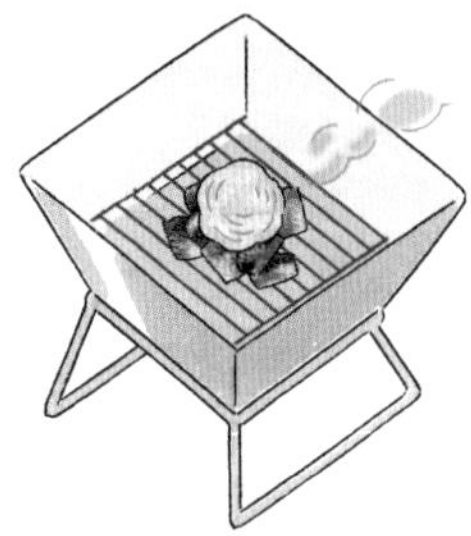

❷ 火口を乗せる
麻ひもや枯れ葉などの燃えやすいものを消し炭にのせる。

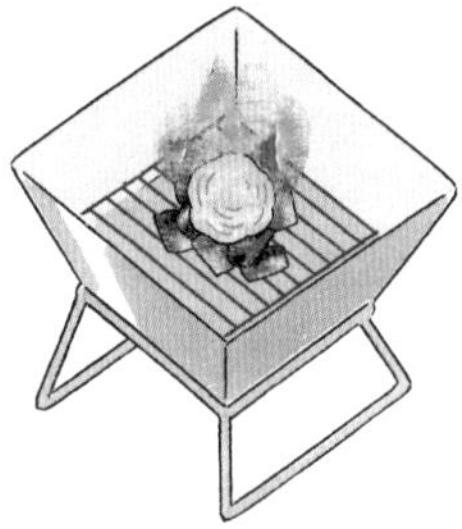

❸ 種火を作る
着火剤などを加え、火をつける。酸素をたくさん送り込む。

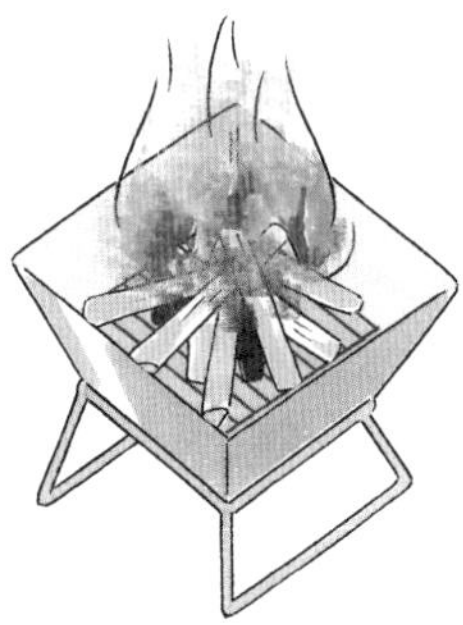

❹ 薪をくべる
種火が育ったらフェザースティックや薪などをくべていく。

のんびりと。

　お湯は多めに沸かしてポットに移しておきましょう。完全消火までには意外に時間がかかりますから、薪は少なめで。早めに消火モードに移行しましょう。

消し炭から焚き火が復活

　前日寝る前に火消し壺などで完全に消火しても、消し炭は湿気が飛んでいたり、酸素を送り込む穴が多くなっていたりと着火しやすくなっています。灰を落としながら消し炭を真ん中に集めて、火口を乗せてライターなどで着火し、火吹き棒で酸素を送り込むと、スピーディに火が起こせます。

　状態によっては相当酸素を送り込まないと燃え上がりませんが、消し炭は着火しやすいのでメタルマッチでも再着火はすぐできるでしょう。

PART4 technique 092

サバイバルナイフを120%活用する

#ブッシュクラフト #ナイフ #メンテナンス

メタルマッチ
シースにメタルマッチが装備されているモデルもある。刃物の背などで擦って使用する。

普段はシースに収める
ひとつの作業が済んだらシース（さや）に収める。刃を出したまま放置してはならない。

ノコギリ刃
ロープや小枝のカットに便利なノコギリ刃があるタイプもある。

刃の断面
刃の断面形状（グラインド）には何種類かあるが、入門用には刃の断面が真っ直ぐなスカンジ型がよい。木工にも向いている。

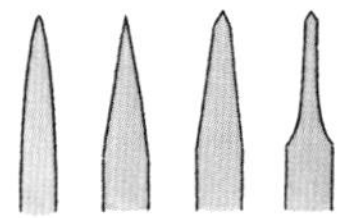

ハンドルの素材
ウッドタイプから樹脂製まである。樹脂製のものは水に浮くタイプもある。実際に触れてしっくり来るものを選びたい。

フルタング
グリップのお尻までナイフの柄が深くつながっているもののこと、力がしっかり伝わるので、バトニングも可能になる。

フォールディングナイフとは
二つ折りになっていてハンドルにブレードが収められるタイプのナイフ。オピネルなど。

ブッシュクラフト向きのナイフの選び方

最初に一本持つのなら、二つ折りのフォールディングタイプではなく、しっかりしたつくりのフルタングナイフで、専用のシース（さや）付きのものがいいでしょう。

フルタングとはナイフのブレード（刃部分）のひとつながりの鋼がグリップ（柄）のお尻の中までつながっているもの。強い力をかけてもしっかりしているので安心です。木材の加工をするならスカンジと呼ばれる刃型のものがオススメです。

ブッシュクラフトでのナイフの使い方

カッターナイフと比べ、アウトドア用のナイフは刃が厚く切れ味も鋭いため、取り扱いには十分注意を。基本的には体の外側でさらに外向きに動かし、細かい作業では親指で押し出して、急な動きをさせないようにします。

ナイフの取り扱いには、3つの鉄則があります。❶両脚の間などでは作業をせず、上体をひねって脚の外側で作業をすること。❷受け渡しはシースに収めて、置いたナイフを取ってもらうようにすること。❸手をぐるっと回して届く範囲に他人がいないように気をつけること。

長持ちさせるには手入れが重要です。メンテナンスではお湯と中性洗剤で洗い、よく乾かしてからオイルを塗布して保管しましょう。

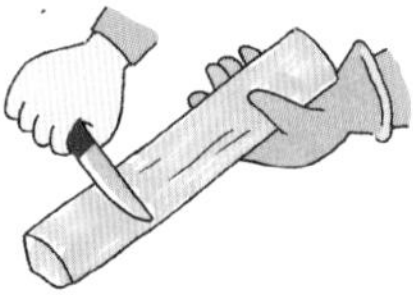

大きく削るとき

ナイフの進行方向に、他の人や作業中の作品などがないように注意する。

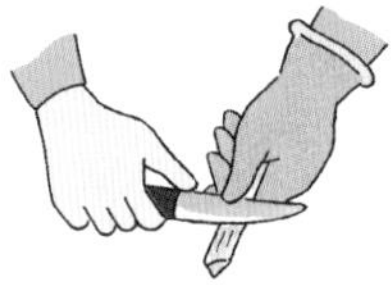

小さく削るとき

親指を添えて、ゆっくり押しながら削る。

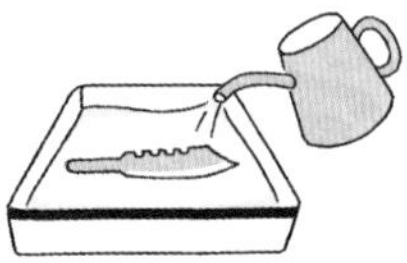

洗う

60℃ほどのお湯に中性洗剤を入れ、よく洗う。

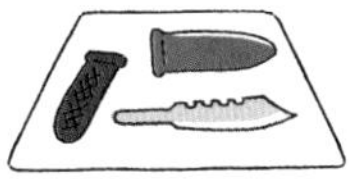

乾かす

タオルなどの上にのせ、しっかり水分を乾かす。

オイルを差す

刃に食用オイルをキッチンペーパーなどで塗る。

体の外側で

脚の内側には重要な血管などが多くあるので、万が一にも傷つけないように脚よりも外側に構えて使用すること。

受け渡しは置いてから

ナイフを直接手渡しするのは事故の元。シースに収めて、どこかに置いてからそれを取ってもらうように習慣づけよう。

手の届く範囲に人を入れない

ナイフを持つ前に、ぐるっと手を振り回して、周辺に当たる人がいないか確認する。

PART4
technique
093

三大ロープワークを極める

#ロープワーク #テント #タープ

マスターしたい3種の結び方

ロープの結び方は相当な種類がありますが、出番の多い3つのロープワークをマスターすれば、手際よくキャンプサイトを設営できます。

最初に覚えたいのは「もやい結び」。木の幹など太いものにロープをつなぎたいときに最適です。ほどきやすいのもポイント。テグス結びは長いロープが欲しいときに、短いロープ同士をさっとつないで応用できて便利。自在結びもテント・タープを美しく張るのに役立ちます。

もやい結び

ロープの輪の大きさを固定できる結び方。しっかり結べてほどきやすい。

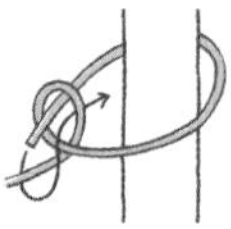

❶ 輪を作って、端を通す

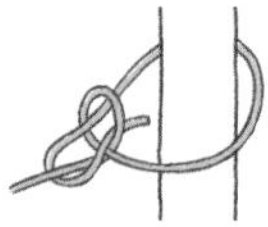

❷ ❶の矢印のようにループに通す

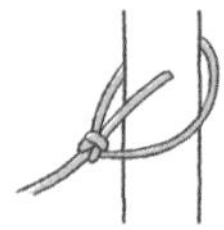

❸ ロープの両端を引いて完成

自在結び

自在金具がなくても、ロープの長さを調節できる結び方。

❶ 向こう側を回してひと結びを二度繰り返す

❷ ❶の2つの結び目の間を通して、さらにひと結び

❸ 先端を引いて締める

テグス結び

2本のロープを繋いで長くするときの使う結び方。

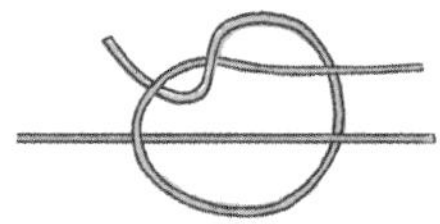

❶ 2本のロープを並べて、片方を結ぶ

❷ もう片方も同じように結ぶ

❸ ロープを引っ張って結び目を合わせる

PART4
technique
094

忘れものはアルミホイルでカバーする

#アルミホイル #DIY #便利な調理器具

アルミホイルがあればなんでもできる

スキレットもダッチオーブンもないけどピザが作りたい。うっかりフライパンを忘れてしまった。そんなとき、アルミホイルがあれば、いろいろな物を作って代用することができます。たとえば、思ったより風が強くてアルコールバーナーの火が不安定、なんてときはアルミホイルを折り重ねて、しっかりした風防を作ることができます。備えなくても憂いなしなのです。

キャンプ場でのアルミホイルはBBQ用の厚手のタイプがオススメです。

ピザ窯

金網をアルミホイルでくるんで焚き火台などの上にのせ、さらに箱型にくるむように上側のアルミホイルを軽くかぶる。下からの熱と上からの反射で両面から熱を加えられるのでうまく焼き上がる。

風防

アルミホイルを広げ、図のように上下から折り重ねる。厚みをもたせたらバーナーに合わせて囲む。手前の縁を何度か折ると丈夫になり、安定する。

フライパン

Y字の枝を探し、三角ゾーンにアルミホイルを巻きつける。食材が落ちないように中央はたわませておくのがコツ。

PART4
technique
095

ブルーシートでテントを張る

#ブルーシート　#テント　#ペグ　#ロープワーク

材料

- ブルーシート…3.6×5.4m1枚
- ペグ…4本
- ロープ…2m2本、4m2本
- ポール…1本

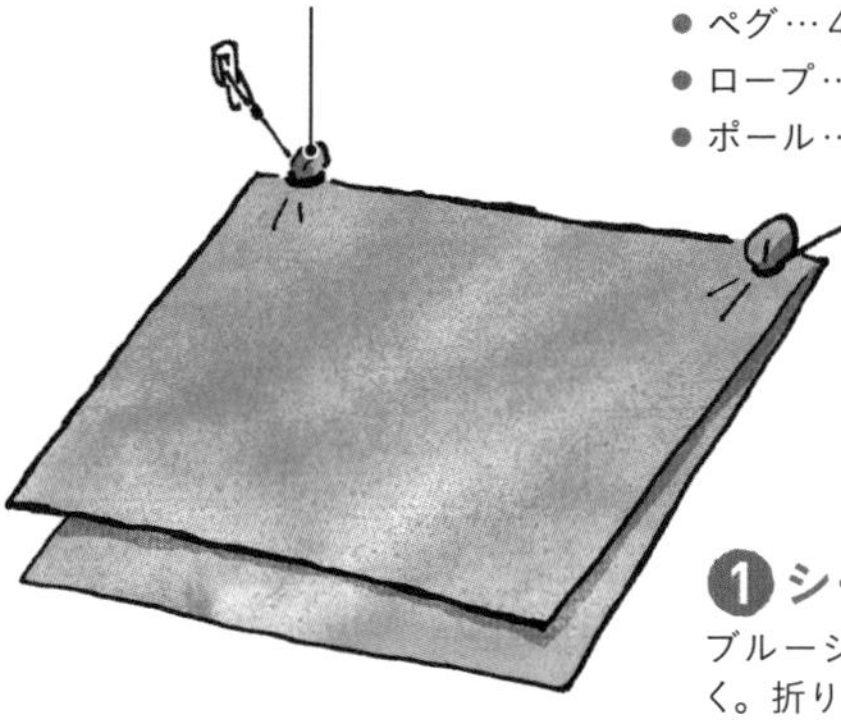

ハトメがなければ、図のように小石を包んで根元をロープでくくる。

❶ シートを2つ折りに

ブルーシートを半分に折って敷く。折り目のハトメにロープを通し、45度の角度の先にペグを打って固定する。

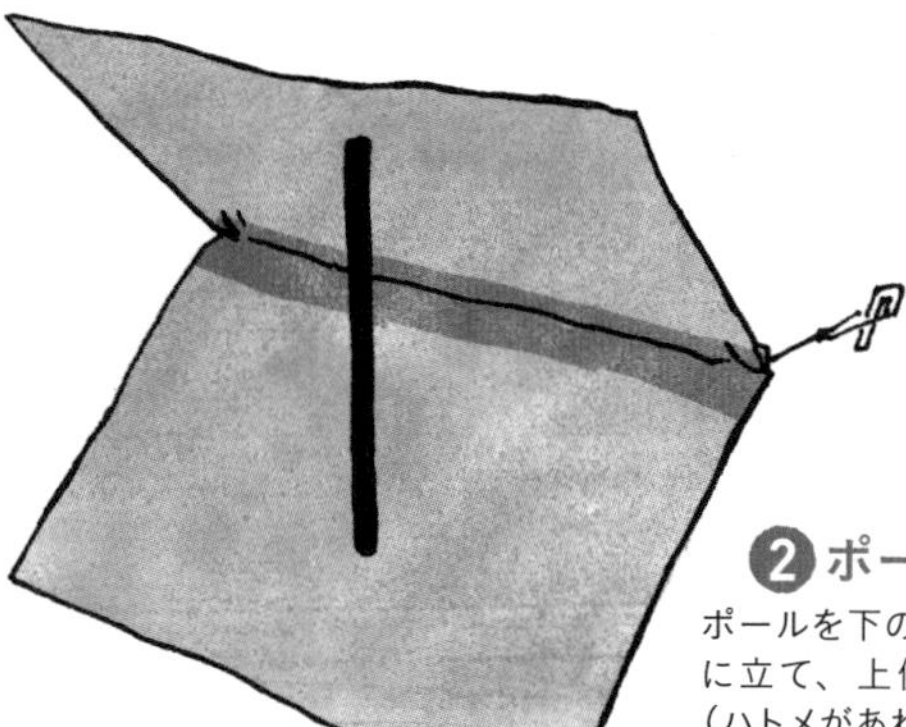

❷ ポールを立てる

ポールを下のシートの中央あたりに立て、上側のシートをのせる(ハトメがあれば差し込む)。

いざとなったら ブルーシートもテントに

市販のテントじゃ物足りない！もっとサバイバルな体験がしたい！そんな猛者キャンパーのみなさん、ブルーシートでテントを張ってみませんか？

まず、シートを二つ折りにして、折り目に近いハトメ(グロメット)にロープを通し、ペグで固定します。上側のシートを開き、頂点からまっすぐポールを立てます。ポールの長さは上の辺の半分ぐらいがちょうどいいでしょう。

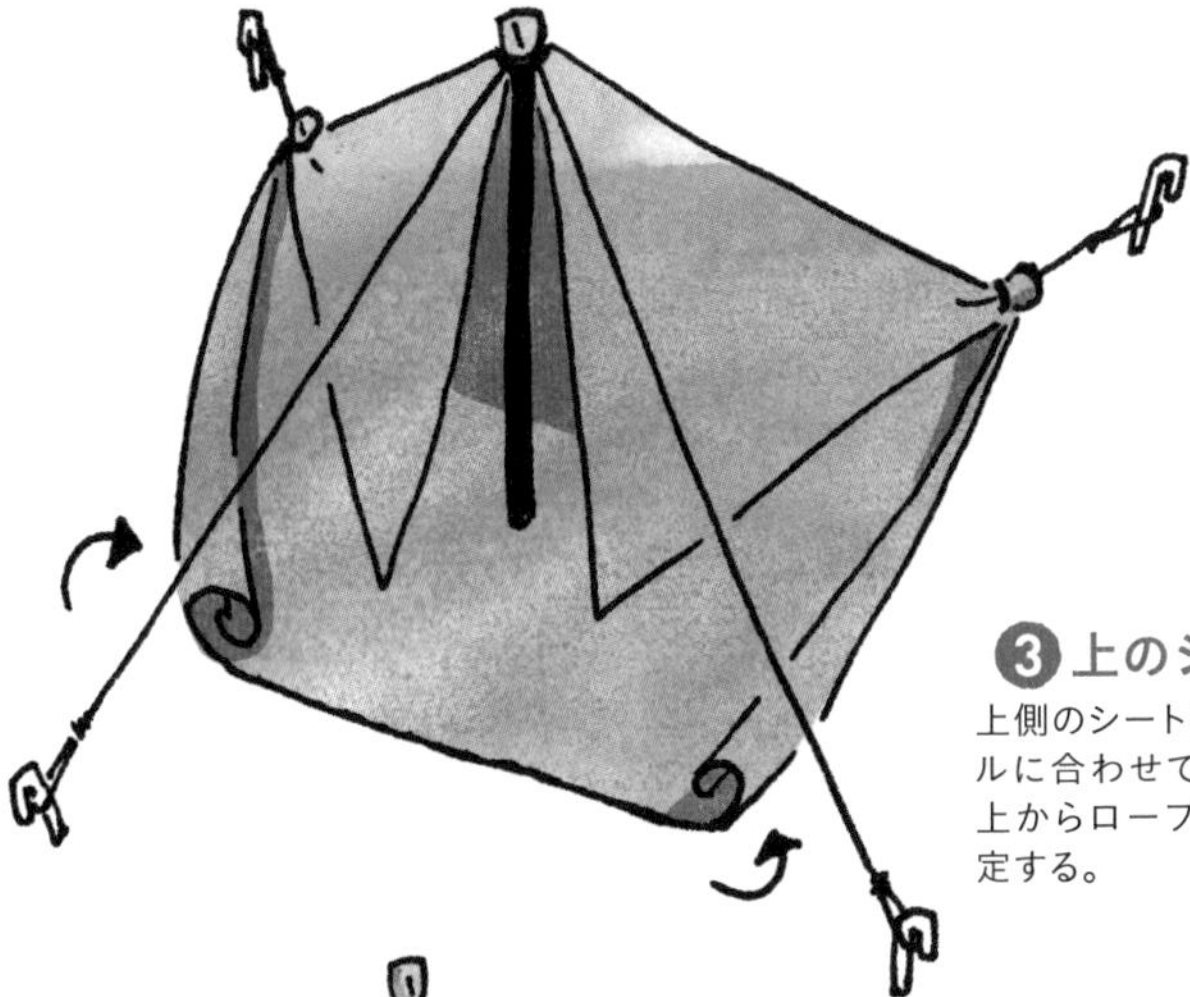

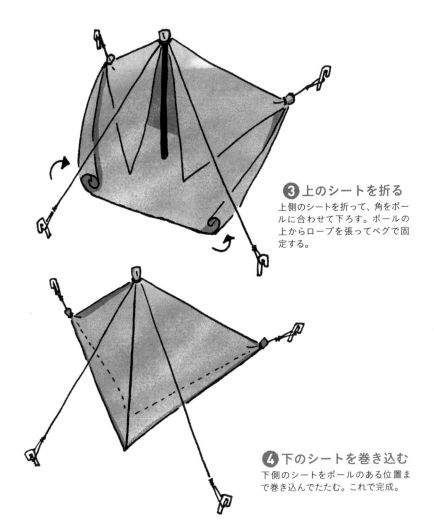

❸上のシートを折る
上側のシートを折って、角をポールに合わせて下ろす。ポールの上からロープを張ってペグで固定する。

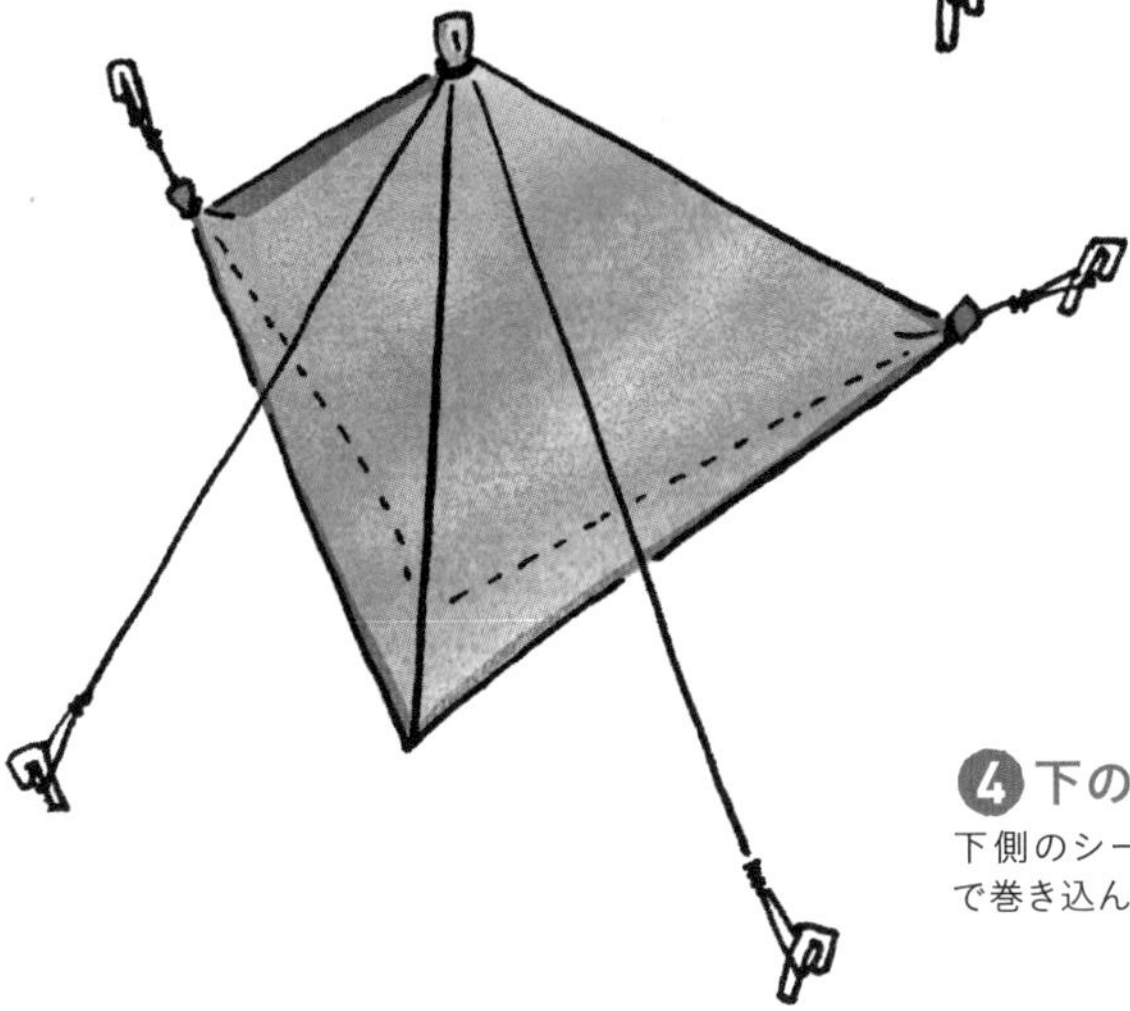

❹下のシートを巻き込む
下側のシートをポールのある位置まで巻き込んでたたむ。これで完成。

ポールの上からロープを張り、ペグで固定します。サイドのシートを下ろして壁にします。下側のシートは四隅から巻取り、ポールのところでまとめます。これで完成。雨風がしのげるように、合わせ目の重なりを調整すれば快適になります。

ペグ、ロープ、ポールは予備を用意したい

キャンプをはじめて最初の頃は、テントやタープのセットに含まれるペグやロープだけですが、回数を重ねるごとに少しずつ買い足して、予備の物を持つようにすると、臨機応変に応用が効きます。ポールも長さを変えられるタイプを2本ほど持っていれば、タープを変化させたりといろいろ便利に使えるシーンが出てくるでしょう。

PART4
technique
096

ミリタリーキャンプを楽しむ

#ミリタリー　#ミルスペック

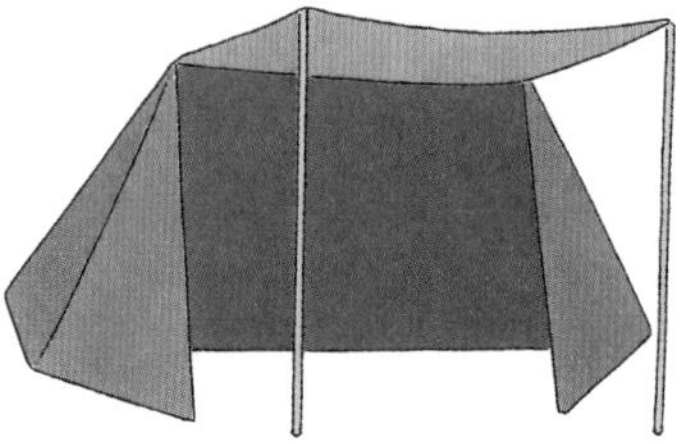

パップ型テント

元は軍の野営で使う「軍幕」として開発されたひとり用テント。タープとしても使える優れもの。床面はないのでグラウンドシートやコットを使う。

ポンチョテント

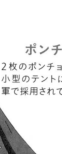

2枚のポンチョを組み合わせると小型のテントになる。ポーランド軍で採用されているアイテム。

モジュラーシステム

3種類の寝袋を単体で使ったり重ねたりして気温に応じて使い分ける物。全部重ねるとマイナス30度以下でも使用できる。

ハイスペックな実戦仕様を楽しむ

過酷な戦場を生き抜くために、ミリタリー用品は高性能なものが採用されますが、それを一般用に転用することをスピンオフなどといいます。キャンプ用品には、そんなスピンオフのアイテムがたくさんあり、無骨なデザインとハイレベルなスペックが魅力。

まずはアーミーナイフやクッカーといった小物類などの取り入れやすいものから始め、慣れてきたらテントや寝袋などの大物をそろえていくのがオススメです。

PART4 technique 097

布使いでセンスよいサイトを作る

#おしゃれキャンプ　#サイトづくり　#グランピング

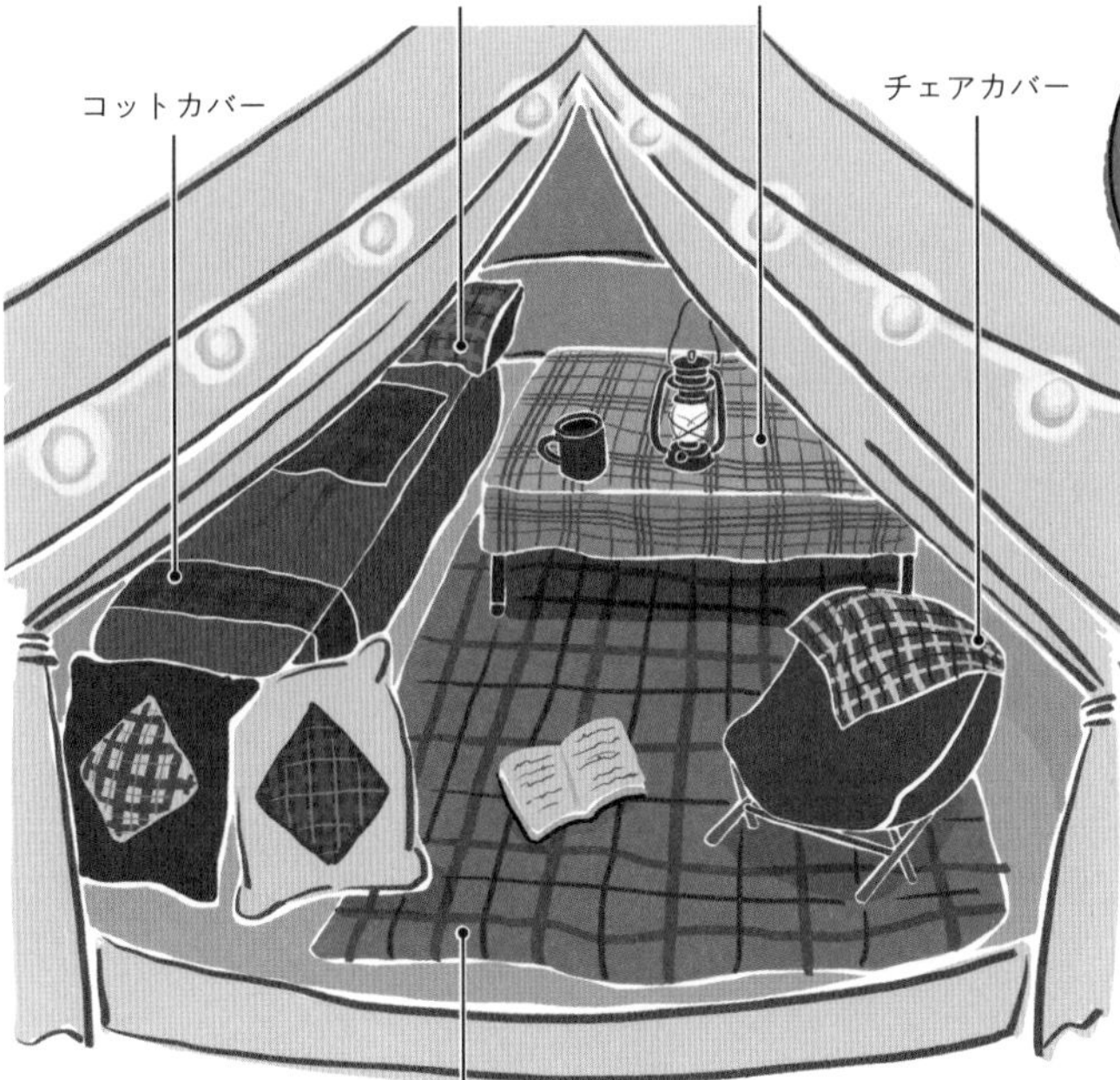

王道はやはりタータンチェック。カラーバリエーションも多く、好みのカラーコディネートが可能。

その他人気の柄

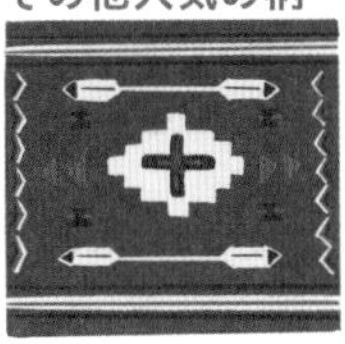
ネイティブ柄

トライバル柄

ノルディック柄

ポイントは統一感とカラーリング

グランピングサイトのようなおしゃれな空間を作りたい！　そんな人は、布小物にこだわってみるのがオススメです。ラグやクッション、チェアカバーやテーブルクロスなどを取り入れてみてください。これならテントやタープなど大物を買い替えることなくおしゃれが楽しめます。色や柄を統一すると、まとまりやすいです。キャンプ用品だけでなく、通常の家具や雑貨店のものを取り入れたり、手作りしたりするのもいいですね。

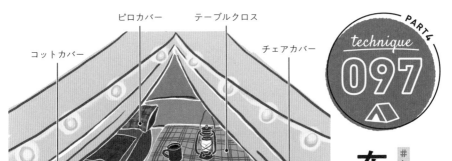

PART4 technique 098

ランタンの配置で徹底的に虫対策する

#ランタン #虫対策 #サイトづくり

ボディスプレーを自作
スプレーボトルに無水エタノールと水を1:9で入れ、ハッカ油を10滴ほど入れて混ぜる。

離れたところに明るいランタン。

スクリーンタープでシャットアウト。

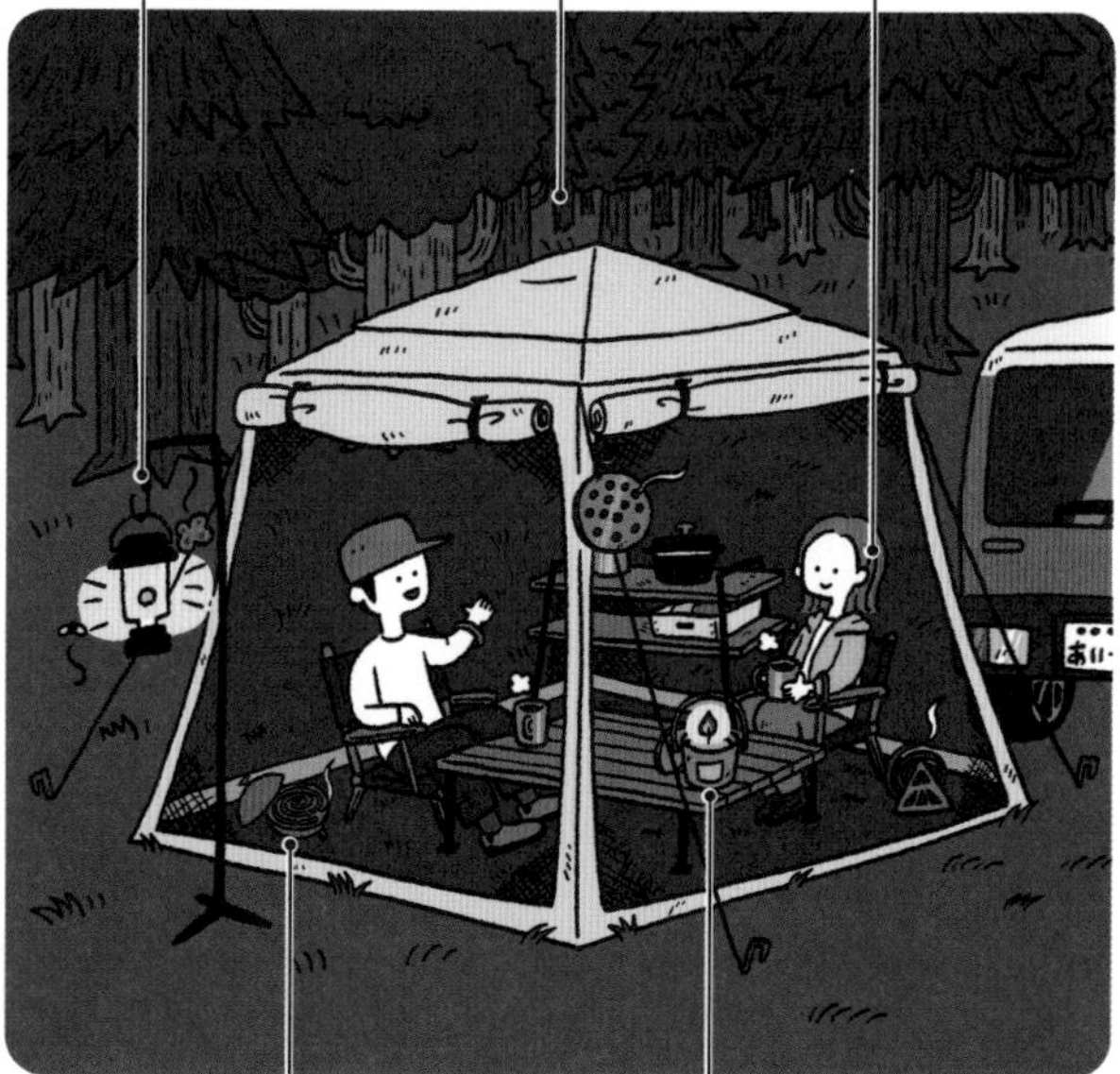

蚊取り線香をいくつも置く。かわいいスタンドも増えた。

手元には暗めの灯りを。虫よけキャンドルも有効。

キャンプサイトに虫はつきものだから

どんなに嫌でも、自然の中で過ごせば虫が寄ってくるのは避けられません。避けられないなら、なるべく遠ざけておきたいもの。虫よけの基本は、遠い位置に明るいランタンを設置すること。これで集光性のある虫(蛾など)はそちらに集まり、テーブルや焚き火のまわりにはあまり来ません。あとはこまめに蚊取り線香や虫よけキャンドルを焚いて、快適な空間を作りましょう。大仕掛けですが、スクリーンタープを蚊帳にするのも有効です。

PART4 technique 099

次の日の体力を確保！枕でとにかく安眠する

#枕 #安眠したい

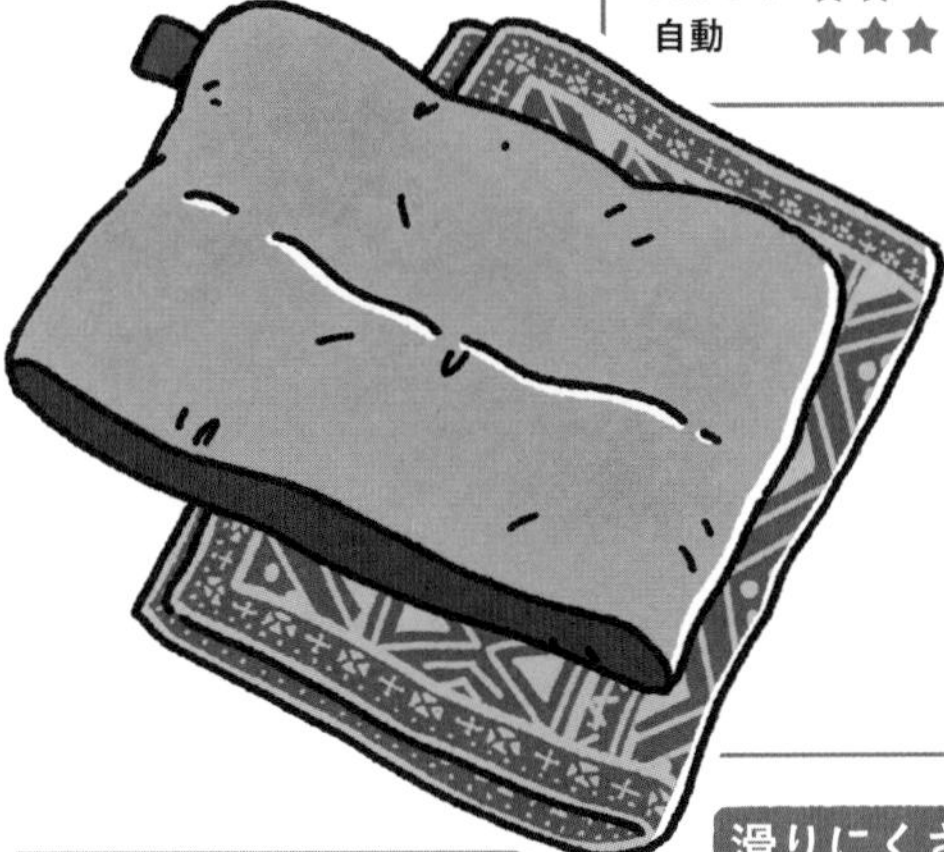

コンパクトさ

キャンプであればやはりコンパクトになることは重要。

エア	★★★★★
スポンジ	★★
自動	★★★★

滑りにくさ

カバーなどに収めればある程度頭が滑ってずれることはないが、枕の素材次第ではズルズルと不安定に感じてしまう。

エア	★★
スポンジ	★★★★★
自動	★★★

高さを変えられるか

地面の傾斜や傾きを高さを変えることで解消できたらぐっすりと眠れるだろう。

エア	★★★★★
スポンジ	★
自動	★★★

キャンプで使いたい枕の3つのポイント

翌日アクティブに遊ぶにはぐっすり眠ることが大事。キャンプで軽視されがちな枕がそのカギをにぎっています。自分に合ういい枕があれば、自宅と同じぐらい快適に安眠できます。

キャンプ用枕のタイプは主に3つ。空気を注入するエアタイプ。そのまま使うスポンジタイプ。広げるとふくらむ自動膨張タイプ。それぞれコンパクトさや高さ調節機能、滑りにくさが違うので、吟味して自分にあったものを見つけて。

PART4 technique 100

キャンプギアで災害対策する

#災害対策 #収納

すぐに避難できるように持ち出せる準備を

避難指示が出ると、ただちに最寄りの避難所に退避しなければなりません。その段になってから荷支度をはじめると避難が遅れて危険です。いつ災害が襲ってきても、迅速に対応できるように、準備しておく必要があります。キャンプ道具で避難時に便利なものは、防災セットや衣類や食料と合わせて非常持ち出し品としてザックなどに収めて保管しておきましょう。

非常持ち出し品

避難指示が出たらすぐに持ち出す物。一次持ち出し品とも言う。防災セットのほか、一日分の食料や着替え、ライトや万能ナイフなどをザックにまとめて、備えておこう。

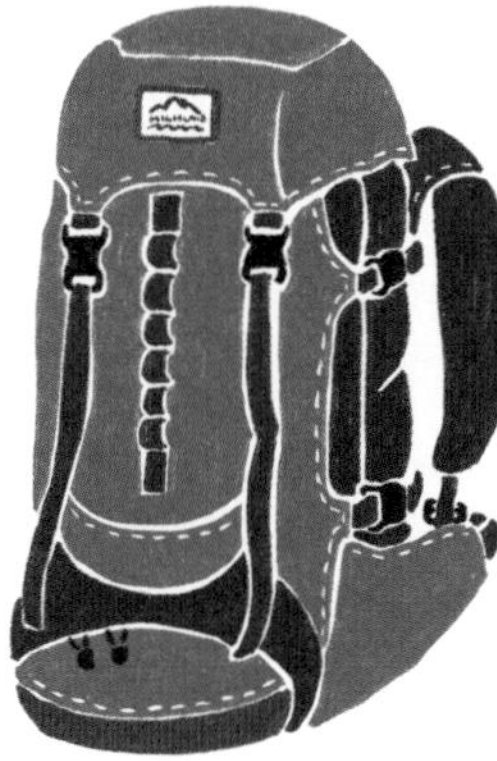

用意したい持ち出し品

- 飲料水（2L×人数）
- 食料（1日分）
- エマージェンシーシート
- ヘルメットなど
- 作業用手袋
- 運動靴
- 衣類、タオル
- ポリ袋
- ソーラーバッテリー、電池
- 使い捨てカイロ
- 歯磨きセット
- ウェットティッシュ
- 携帯トイレ
- トイレットペーパー
- ファーストエイドキット
- 貴重品類、身分証明書のコピー

災害で役立つアウトドア用品

- ザック
- 防寒具、雨具
- ナイフ、マルチツール
- ライター、メタルマッチ
- シェラカップ
- ロープ（8m以上）
- レジャーシート
- ヘッドライト
- LEDランタン

あらゆる状況を想定し 細やかな準備をしておく

避難所での生活が長く続くようなら、一時帰宅をして二次持ち出し品を回収してくることもあります。自宅がどういう状態にあるかわかりませんし、時間的猶予がないこともあります。災害になってから家中を探し回るようなことは無理と想定して、どこか持ち出しやすい場所にコンテナなどを配置して、迷わずスムーズに持ち出せるよう備えておきます。

二次持ち出し品は食料や衛生用品のほか、寝袋、マット、小型テント、椅子、バーナーやクッカーなどがあると安心です。食料や燃料は消費期限のあるものも多いので、キャンプのときなどに使って、新しく入れ替えるようにするといいでしょう。

二次持ち出し品

避難が長引きそうなとき、一時帰宅などで持ち出す物。しばらく物資が手に入らないことも視野に備蓄しておく。持ち出しのしやすさも大事。

用意したい持ち出し品

- 飲料水（6L×人数）
- 野菜ジュース
- 食料（7日分）
- キッチンペーパー
- スリッパ、サンダル
- 衣類、タオル
- ポリ袋、ラップ
- 歯磨きセット
- 石鹸、シャンプー

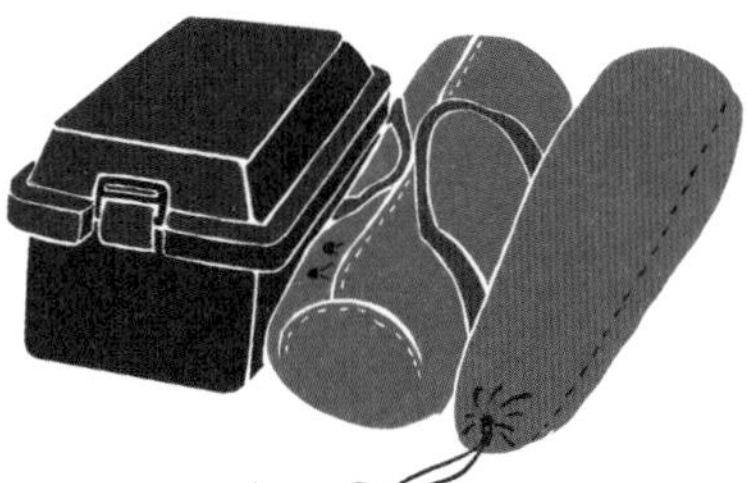

災害で役立つアウトドア用品

- ランタン
- 寝袋
- マット
- ブランケット
- クッカー
- バーナー
- ガス缶
- 食器、カトラリー
- ケトル
- 保温ボトル
- アルミホイル
- テント
- グラウンドシート
- ポール
- ガイロープ、ペグ
- ハンマー
- タープ
- 焚き火台
- 火吹き棒
- 着火剤
- 薪
- スコップ

#ハッシュタグさくいん

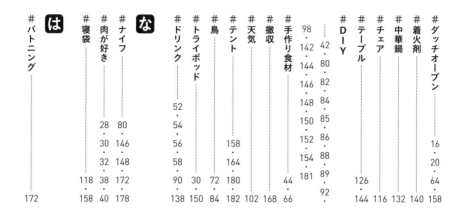

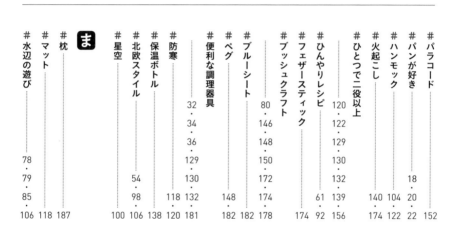

イラスト	cao、佐々木千絵、shino、尚味、ハルペイ、日江井、まくらこ、矢原由布子、yoi 髙島絵里
デザイン	宮川柚希（スタジオダンク）
DTP	大島歌織
レシピ監修	吉川愛歩
執筆協力	吉川愛歩、原田晶文
編集協力	渡辺有祐・松坂捺未（フィグインク）

キャンプでしたい100のこと

編　者	フィグインク
発行者	若松和紀
発行所	株式会社 西東社 〒113-0034　東京都文京区湯島2-3-13 https://www.seitosha.co.jp/ 電話　03-5800-3120（代） ※本書に記載のない内容のご質問や著者等の連絡先につきましては、お答えできかねます。

ISBN 978-4-7916-3086-8